Il Potere dei Limiti

Tecniche Pratiche per Dire Facilmente No (o Sì), Stabilire Confini Chiari, Costruire Rispetto Reciproco e Riprendere Controllo della Tua Vita, Senza Sensi di Colpa

Logan Mind

© COPYRIGHT 2024 - TUTTI I DIRITTI RISERVATI. 4

Un Regalo per Te! 5

Altri Libri 7

Aiutami!. 9

Unisciti al mio Team di Recensori! 10

Introduzione 11

Capitolo 1: Comprendere i Confini 14

Capitolo 2: Le Basi di Confini Sani 22

Capitolo 3: La Psicologia dei Confini 30

Capitolo 4: Tipi di Confini 39

Capitolo 5: Leggi dei Confini 49

Capitolo 6: L'Arte di Dire No 59

Capitolo 7: Stabilire Limiti Chiari 70

Capitolo 8: Costruire il Rispetto Reciproco 81

Capitolo 9: Confini nelle Relazioni Familiari 92

Capitolo 10: Confini nelle relazioni romantiche 102

Capitolo 11: Confini sul posto di lavoro 114

Capitolo 12: Confini nelle Amicizie.. *125*

Capitolo 13: Mantenere e Adattare i Confini *135*

Per Concludere *146*

Unisciti al mio Team di Recensori!... *148*

Aiutami!.. *149*

© COPYRIGHT 2024 - TUTTI I DIRITTI RISERVATI.

Il contenuto di questo libro non può essere riprodotto, duplicato o trasmesso senza l'autorizzazione scritta diretta dell'autore o dell'editore. In nessun caso l'editore o l'autore saranno ritenuti responsabili per eventuali danni, riparazioni o perdite monetarie dovute alle informazioni contenute in questo libro, sia direttamente che indirettamente.

AVVISO LEGALE:

Questo libro è protetto da copyright. È destinato esclusivamente all'uso personale.

Non è consentito modificare, distribuire, vendere, utilizzare, citare o parafrasare alcuna parte o il contenuto di questo libro senza il consenso dell'autore o dell'editore.

Un Regalo per Te!

Emotional Intelligence for Social Success

Ecco cosa troverai nel libro:

• Strategie pratiche per migliorare le tue **relazioni** interpersonali

• Tecniche per riconoscere e gestire le **emozioni** proprie e altrui

• Strumenti per affinare la tua **intelligenza** emotiva nel lavoro e nella vita privata

Basta cliccare o seguire il link sottostante per ottenere tutti questi **benefici**:

https://pxl.to/loganmindfreebook

Scarica anche i tuoi 3 EXTRA GRATUITI!

Questi extra sono risorse complementari preziose che ti guideranno ulteriormente nel tuo percorso di **miglioramento** personale. Potrai ottenere il massimo **rendimento** dalla lettura del libro integrando queste pratiche aggiuntive fin da subito!

Gli extra sono:

• Un PDF pratico da scaricare con la Sfida di 21 Giorni per mettere in atto ciò che hai letto nel libro

• 101+ **Affermazioni** per definire i tuoi confini personali

• Lista di Controllo per essere **consapevole** dei tuoi confini personali

Basta cliccare o seguire il link sottostante per accedere immediatamente agli extra:

https://pxl.to/11-tpob-lm-extras

Altri Libri

Iniziare questo percorso con *Calm Your Mind NOW!* è solo l'inizio di un **viaggio** di trasformazione personale. Una volta terminata la lettura, potresti voler approfondire altri **aspetti** del tuo benessere mentale ed emotivo attraverso le mie altre opere.

Se hai trovato utile *Letting Go*, troverai altrettanto **illuminante** *Rewire Your Brain* per riorganizzare il tuo modo di pensare e migliorare il tuo quotidiano. Se stai affrontando situazioni sociali con **ansia**, non perdere *Overcoming Social Anxiety*.

Per te che desideri affrontare le ferite emotive profonde, *How to Heal from Family Trauma* è uno **strumento** prezioso della serie *Heal Your Mind NOW*.

Sentiti unico e **straordinario** con *You Are Amazing*, parte della mia serie *Improve Yourself NOW*.

Se senti il desiderio di **esplorare** ulteriormente, è facile farlo:

• Segui il link riportato alla fine.

• Clicca su "Tutti i miei libri".

• Seleziona le opere che più attirano la tua attenzione.

• Al termine della pagina, troverai tutte le informazioni per contattarmi.

Scopri tutti i miei libri e i contatti qui:

https://pxl.to/LoganMind

Aiutami!

Quando avrai finito di leggere il mio libro, ti prego di lasciare una recensione. La tua **opinione** ha un valore immenso, non solo per me come autore indipendente, ma anche per altri lettori che stanno cercando una **lettura** che possa ispirarli. **Ogni recensione scritta è essenziale** per far conoscere al mondo intero questo **lavoro** in cui ho messo tanto cuore ed impegno.

Se ti è piaciuto il libro o hai trovato elementi che ritieni possano essere migliorati, condividilo! Se sei soddisfatto, lascia un feedback sincero; se hai **suggerimenti**, sentiti libero di inviarmi un'email attraverso i contatti che troverai al seguente link.

Puoi anche prendere il tuo **cellulare**, scansionare il codice QR qui sotto e scegliere il mio libro per lasciare un commento. **Non ti costa nulla, ma per me conta tantissimo!**

Grazie di cuore per aver dedicato il tuo tempo a leggere le mie parole, e soprattutto, grazie per aver considerato di lasciare un prezioso **riscontro**.

Visita questo link per lasciare un feedback:

https://pxl.to/11-tpob-lm-review

Unisciti al mio Team di Recensori!

Grazie di cuore per aver scelto di leggere il mio libro. Spero davvero che tu stia trovando la lettura **piacevole** e **stimolante**.

Se ami leggere e condividere le tue opinioni, ti invito a unirti al mio Team di Recensori. Avrai la possibilità di ricevere una copia **gratuita** del mio prossimo libro in cambio di una recensione sincera e onesta. Questo **feedback** è davvero di grande aiuto per me, permettendomi di **migliorare** e offrire sempre il meglio ai miei lettori.

Ecco come puoi unirti al mio Team di Recensori:

• Visita il link fornito alla fine di questa pagina.

• Iscriviti con la tua email.

• Aspetta le notifiche per i lanci dei nuovi **libri**, e preparati a riceverne una copia gratuita!

La tua **opinione** conta moltissimo!

Check out the team at this link:

https://pxl.to/loganmindteam

Introduzione

Ti sei mai **sentito** come se qualcuno avesse invaso il tuo spazio personale, prendendo **decisioni** per te, senza il minimo rispetto? O magari ti trovi spesso a dire "sì" quando nella tua mente gridavi "no". Ti capisco, non sei solo. Anch'io ho lottato con questi sentimenti, quelle situazioni in cui avrei voluto mettere un limite chiaro, ma non sapevo bene come farlo... o forse sentivo quella sottile paura di sembrare egoista.

Allora, cos'è esattamente questo **libro**? Beh, non si tratta solo di stabilire confini, ma di prendere il comando della tua vita. È qui per darti **strumenti** pratici, facili da comprendere e da mettere in pratica, che ti permettano di dire "no" o "sì" con la stessa sicurezza che hai nel dire il tuo nome. Sembra semplice, vero? Eppure, ci sono tante persone che vivono senza essere completamente consapevoli di dove finisca il loro spazio e inizi quello degli altri. Voglio aiutarti a tracciare quella linea netta, senza sensi di colpa.

La mia esperienza non viene solo dai libri e conferenze. Ho lavorato con centinaia di persone, vedendo e affrontando le loro lotte quotidiane da vicino. **Problemi** che forse conosci fin troppo bene: mancanza di rispetto, relazioni tossiche, stress continuo per non riuscire a dire "no" a nessuno... potrei continuare all'infinito. Questo libro non lascia nulla al caso. Le pagine che stai per sfogliare sono state forgiate dalle storie vere e palpabili di questi problemi.

So esattamente cosa passi — quell'ansia che sale quando qualcuno ti chiede un favore indesiderato, o quel risentimento che si accumula dopo ogni richiesta a cui non hai potuto dire di no. Ma sappi che non è colpa tua se non sei riuscito fino ad ora a impostare dei limiti efficaci. La verità? Viviamo in una **società** in cui confini sani e chiari sono sottovalutati, addirittura malvisti. Ti sarà stato detto che essere gentile equivale sempre a essere disponibile senza limiti, vero? Come se fosse tutto bianco o nero. Ma, in realtà, saper stabilire confini ti permette di essere davvero più presente e completo nelle tue relazioni, di qualsiasi tipo esse siano. È come se stessi erigendo un muro intorno a una parte di te stesso — ma non per isolarti, piuttosto per proteggere chi sei e quello a cui tieni.

Però alle persone non piace cambiare, specialmente quando chiamano in causa abitudini radicate nel tempo. Mi aspetto che all'inizio ti sentirai un po' spaventato (tutti lo siamo, credimi). E c'è un dubbio, un tarlo che ti ronza nella mente: "Mi sto comportando male? Sto facendo troppo?" È normale, lo so. Siamo umani, e siamo programmati per voler appartenere, per non voler disturbare l'equilibrio. Ma ciò che succederà, se continui a vivere senza stabilire i tuoi confini personali, è che ti perderai pezzo dopo pezzo. Sorridi all'esterno, ma dentro un'insoddisfazione cresce, potentemente. Non sto dicendo che sarà facile. Potrebbe essere scomodo, persino doloroso in certi momenti. Ma il **potere** che guadagnerai su te stesso, e sulle tue decisioni, ne vale la pena.

Potresti pensare: "Funzionerà davvero? O farò il passo più lungo della gamba e finirò in circostanze peggiori?". Ti giuro che l'idea di stabilire dei confini spaventa non solo perché non siamo abituati, ma perché pone le persone di fronte alla realtà di come si comportano l'uno con l'altro. Alcuni potrebbero resistere, qualcuno si offenderà. Ma ti dirò una cosa: cambierai soltanto coloro che fanno leva sui tuoi terreni molli. E che perdita sarebbe mai, lasciare andare chi non rispetta lo spazio che hai guardito per te? Gli amici veri, la famiglia sincera, capiranno. Anzi, si faranno da alternativa scudo insieme.

Alla fine dei conti, tutto riguarda il **rispetto**. Rispettare se stessi è impostare quei limiti; rispettare gli altri è permettere loro di fare lo stesso. Quindi sì, questa lettura fa per chi è stanco di giocare ruoli che non sente più suoi, per chi è pronto a tracciare confini netti per non perdere di vista chi è veramente. Non c'è bisogno di avere paura di sembrare rude o insensibile. Il vero cambiamento parte proprio da riconoscere che le risorse, il tempo e la pazienza di ciascuno non sono infinite.

Scoprirai che, mano a mano, smetterai di essere l'individuo che deve piacere a tutti, per timori irrazionali di esclusioni o ripicche. Imparerai a dire di no quando qualcosa non è in linea con i tuoi valori e desideri, trovando finalmente quella calma che pensavi impossibile da raggiungere. E, sinceramente, non vedo l'ora di accompagnarti in questo viaggio. Più potere significa più autostima, meno ansie, e una vita che finalmente potrai chiamare "tua", quella che deciderai, momento dopo momento, come deve essere vissuta.

Capitolo 1: Comprendere i Confini

Ti sei mai **chiesto** quanto spazio ti serve davvero per sentirti bene? So che può sembrare una domanda un po' strana all'inizio. Eppure, in questo capitolo, ti accorgerai che ciò di cui ti sto parlando è qualcosa che riguarda tutti noi. I **confini** che mettiamo nelle nostre vite sono come piccoli muri invisibili—alcuni potrai vederli, altri forse no, ma tutti hanno un **impatto** sulla tua crescita.

Quando inizi a **riflettere** su questo, cominci a stupirti. Ti rendi conto che forse hai vissuto per troppo tempo sorvolando su chiari segnali che ti avrebbero potuto aiutare a sentirti più **libero** e più a tuo agio nella vita di tutti i giorni. Certo, ci sono tante idee sbagliate su cosa significhi davvero mettere **limiti**, e ne parleremo più avanti. Ma ti assicuro che capire di più su questi confini è un **passo** fondamentale verso qualcosa di meglio.

Pensaci un attimo: quante volte ti sei sentito a disagio in una situazione senza capire esattamente perché? Forse era proprio questione di confini non rispettati. Imparare a riconoscerli e a stabilirli può davvero fare la **differenza** nella tua vita quotidiana. Non si tratta di alzare barriere, ma di creare uno spazio in cui ti senti veramente te stesso.

Cosa Sono i Confini?

I **confini** personali... forse non ci pensi spesso, ma sono uno strumento fondamentale per il **benessere** psicologico. Pensa ai confini come delle linee invisibili che tracci per proteggere il tuo spazio mentale ed emotivo. Sono quelle cose che ti permettono di sentirti al sicuro e mantenere la tua **energia** mentale intatta. D'altronde, se non sai dove inizi tu e dove finisce il mondo esterno, le persone possono invadere il tuo spazio sia fisico che emotivo, lasciandoti esausto, arrabbiato, o addirittura completamente svuotato. Direi quindi che capire cosa sono i confini personali e stabilirli è essenziale per proteggere chi sei.

Ma aspetta! Non pensare ai confini come qualcosa di rigido—non è che stai mettendo su un muro intorno a te—al contrario, i confini sono **flessibili** e cambiano a seconda della situazione e delle tue necessità. Quando sai esattamente dove posizionare queste linee, puoi decidere chi far entrare e chi tenere fuori, per proteggerti emotivamente.

Ora, se ti salta alla mente la parola "proteggere"... potrebbe sembrare un po' negativo. Ma qui non stiamo parlando di costruire barricate o diventare distaccati, ma di salvaguardare la tua pace mentale. Sarà che ho imparato a mie spese l'importanza dei confini. Sai quelle situazioni in cui accetti troppo, dici sì quando sarebbe meglio dir di no, e poi rimani lì a sentire lo **stress** che sale? Ecco... se solo avessi tracciato dei confini prima, non mi sarei ritrovato a battermi contro me stesso.

Dopo aver affrontato l'essenziale, passiamo ai diversi tipi di confini. Perché sì, ci sono vari modi di mettere dei limiti—non si tratta solo di dire "Non mi toccare," anche se quel "confine fisico" è importante. Ci sono quelli "fisici," quindi il diritto di proteggere il tuo spazio personale e corporeo. Però non finisce qui. Hai mai sentito qualcuno invadere il tuo spazio emotivo? Sai quando inizi a ricevere troppe lamentele oppure quando, simpatizzando troppo con qualcuno, ti riversano addosso tutta la loro negatività? Ecco, questo è un caso in cui hai bisogno di stabilire confini **emotivi**, quelli che "racchiudono" come e con chi condividi i tuoi sentimenti più profondi. Non scordiamoci del fatto che anche i pensieri contano— ed ecco qui i "confini mentali." Avventure mentali diventano tossiche se lasci che idee altrui interferiscano con le tue gioie o il tuo giudizio (ti dicono "Non vali abbastanza" e... zac, lo tieni dentro troppo a lungo, fino a quando diventa la tua narrativa). Serve chiarezza e controllo, mettendo limiti persino nei pensieri.

E alla fine, quando hai capito questi confini—come sono pensati e applicati—ecco che arriva il tocco magico: le tue **relazioni**. Diventano più forti quando i confini sono in atto, perché stabilire questi limiti significa rispettare se stessi e gli altri. Prova a pensarci: se ti permetti di essere ferito dalle parole di chiunque senza una difesa emozionale in atto, metti tutto in discussione. Rientrare in te stesso aiuta anche a sapere chi sei davvero. Stabilisci dei confini chiari, chiami persone sicure all'interno di quei confini e... piena libertà. Risultato? **Autostima** bella robusta, meno stress, relazioni più sane.

Non è solo un discorso infinito di protezione e controllo, c'è anche il sottile gioco del rispetto reciproco: quando ti dai dei confini, costruisci **fiducia**. Sai quando dire no, o sì sentendoti bene realmente. Questo piccolo segreto cambia tutto—quello stesso confine è quel filo che lega tutto insieme, creando rispetto e forza sia dentro di te che tra di voi. Capiscilo presto: un confine sano è il tuo modo naturale di valorizzare te stesso.

L'Importanza dei Confini nella Crescita Personale

A volte non te ne rendi nemmeno conto, ma i **confini** sono fondamentali per la tua **crescita** personale. Il motivo? Perché ti aiutano a capire davvero chi sei. Quando metti paletti chiari, diventi più **consapevole** di te stesso. Più attento a cosa ti fa stare bene e cosa invece ti fa male. Quindi sì, impostando dei limiti, praticamente stai dando forma alla tua **identità**.

Questo processo ti permette di notare meglio i tuoi valori e i tuoi bisogni. Quando stabilisci questi limiti, ti accorgi più facilmente di quello che ti importa veramente. Forse inizi a vedere che alcune cose non rispecchiano più chi sei. O magari capisci che certi rapporti o situazioni non sono più adatti a te. È come guardare la tua vita in uno specchio che riflette ciò che ti rende unico. Niente male, vero? Insomma, i confini fanno un po' da filtro, ti proteggono e ti aiutano a crescere in modi che magari non avresti mai immaginato.

Poi, c'è il fatto che stabilire confini aumenta la **fiducia** in te stesso. Sì, proprio così. Quando dici di "no" o di "sì" in modo chiaro, diventi più sicuro di te. Sai cosa vuoi e cosa non vuoi. All'inizio, può sembrare una cosa piccola, ma fidati, fa tutta la differenza. Ogni volta che fai rispettare un tuo limite, è come se stessi facendo un passo in avanti nella costruzione della tua **autostima**.

Certamente, non è semplice. Magari hai paura di ferire qualcuno o temi di essere giudicato male. Ma quei no che dici con sicurezza, piano piano, rinforzano l'idea che hai di te stesso. Capisci che hai il diritto di proteggerti, di scegliere, di prenderti cura di ciò che conta per te. Questa convinzione spinge la tua autostima alle stelle. E poi, sapere come e quando dire di no o sì – esattamente come e quando ne hai bisogno – è un grande atto di rispetto verso te stesso.

Ma c'è di più. I confini sono anche formidabili per dare **priorità** ai bisogni e ai valori personali. E sai come? Quando metti dei paletti chiari, stai dicendo al mondo (e a te stesso): "Queste sono le cose che per me contano davvero." Stabilire limiti ti costringe a fare delle scelte, a concentrarti su quello che è davvero importante per te e a scartare tutto il resto.

Un bel respiro di sollievo, no? La **chiarezza** che ne deriva ti permette di investire energie e tempo su quello che porta gioia e significato alla tua vita. E questo significa sviluppare la tua crescita personale al massimo. Tutto è più chiaro, meno ingarbugliato. Ti ritrovi a vivere con intenzionalità, piuttosto che essere trascinato dalle correnti delle aspettative altrui.

In breve, i confini ti trasformano. E lo fanno lentamente, un passo alla volta. Inizi regalando a te stesso la libertà di dire "questo sì" e "questo invece no". E con ogni scelta, metti un altro pezzo fondamentale nel puzzle della tua crescita personale.

Identificare il Tuo Attuale Stato dei Confini

A volte ti ritrovi a dire "sì" anche quando dentro di te urla un grande "no." Magari ti capita di fare troppe cose per gli altri, trascurando ciò che è **importante** per te. Questi potrebbero essere segnali che i tuoi **confini** non sono così solidi. Ma non ti preoccupare—succede a tanti. Può essere difficile rendersi conto che i propri confini sono deboli o inesistenti.

Uno dei segnali più evidenti è sentire un certo **malessere** emotivo quando qualcuno viola il tuo spazio, fisico o mentale. Un esempio? Quando qualcuno ti chiede un favore, e tu accetti, anche se dentro di te ci sono dubbi fortissimi o addirittura fastidio. Quel piccolo segno di disagio potrebbe indicare che non hai chiaramente definito fino a che punto ti senti a tuo agio con quella persona. Altri segni includono sentirti sovraccarico, arrabbiato o **esausto** dopo aver passato del tempo con qualcuno, o magari ti ritrovi a fare cose solo per evitare sensi di colpa. Queste sono tutte spie rosse.

Ma perché succede? Beh, la colpa spesso è delle **violazioni** dei confini. Le violazioni comuni si verificano tutte le volte che le persone superano i tuoi limiti senza permesso. Pensa a quello che forse è accaduto nella tua vita— situazioni in cui amici, familiari o colleghi non hanno rispettato i tuoi tempi, il tuo spazio o magari le tue idee. È qui che finisce l'**autonomia** e inizia a crollare la tua salute mentale. Quando i tuoi confini vengono frequentemente violati, ti senti svuotato, magari poco apprezzato, o peggio ancora, depresso. Ah, e non dimentichiamo lo stress costante—è come un rubinetto che gocciola, sempre lì, sempre presente.

Allora, come puoi capire se i tuoi confini sono forti o deboli? Beh, un buon punto di partenza è prendere un momento per fare una sorta di esame introspettivo. Come ti senti quando sei con altre persone? Sei in pace o sei ansioso? E cosa succede quando dici "no"? Ti senti a tuo agio o magari avverti il bisogno di giustificarti? Una volta che rifletterai su queste domande, inizierai a vedere uno **schema**.

Un modo pratico per valutare i tuoi confini è quello di fare una lista mentalmente—o meglio ancora su carta—di tutte le aree della tua vita: lavoro, famiglia, vita sociale, e tempo libero. Quali di queste ti stressano di più? Dove senti più pressione? E in queste aree, ti capita spesso di non riuscire a dire di no? Fare luce su questi aspetti ti aiuta a capire dove i tuoi confini sono fragili, come quando una diga ha piccole crepe che col tempo diventano voragini.

Una volta comprese queste fragilità, l'obiettivo sarà iniziare a **rafforzarli**. Come costruire una casa su solide fondamenta, cercare di conoscere e riconoscere dove i confini mancano ti aiuta a ricostruirli in modo più sano e stabile. Ricorda, l'importante è essere onesto con te stesso e avere il coraggio di proteggere il tuo spazio emotivo—non c'è nulla di male nel volere più rispetto o più spazio. Con il tempo, i tuoi confini possono diventare la barriera protettiva che ti permette di vivere con più serenità.

Idee sbagliate comuni sui confini

Molte persone **pensano** che mettere dei confini significhi essere egoisti o, peggio, cattivi. Sembra quasi che dire "no" o stabilire dei limiti sia visto come un modo per allontanare chi ti sta vicino. Ma, in realtà, non è così semplice. È naturale credere che stabilire dei limiti possa far sentire gli altri respinti o non accolti, ma impostare dei confini non vuol dire che tu non tenga agli altri. Al contrario:

significa che ti **prendi cura** di te e delle tue relazioni. Se ci pensi bene, un confine ti permette di comunicare chiaramente cosa è importante per te, dimostrando sia rispetto per te stesso che per chi ti è vicino. Questo atteggiamento è l'opposto dell'egoismo: è il desiderio di creare uno spazio dove entrambi potete sentirvi accolti e rispettati.

A volte le persone vedono una richiesta di spazio personale come un rifiuto, ma è proprio qui che ci sbagliamo. I confini, se ben impiegati, non creano distanza; permettono alle persone di avvicinarsi in maniera **genuina**. Senza confini chiari, c'è il rischio che uno dei due inizi a sentirsi sfruttato o preso per mano, il che porta inevitabilmente al risentimento. E indovina cosa fa il risentimento? Sono rocce pesanti che affondano la vera **connessione**! Al contrario, quando entrambi i lati di una relazione conoscono e rispettano i limiti reciproci, possono entrare in una connessione reale, onesta e arricchente. In sostanza, è come assicurarti che il terreno sotto i tuoi piedi sia stabile, così la relazione può crescere in modo più sano e solido, senza rischi di crolli improvvisi.

Ma non devi confondere i confini sani con quelli rigidi. Una cosa è decidere di rispettare i tuoi bisogni e limiti, un'altra è alzare muri insormontabili. I confini rigidi, quelli invalicabili in ogni circostanza, sono spesso una reazione alla paura di essere feriti. Possono sembrarti protettivi all'inizio, ma in realtà allontanano le persone e possono lasciarti solo e isolato. Al contrario, un confine sano e **flessibile** riconosce la necessità di proteggersi, ma senza spezzare la connessione con gli altri. È un po' come avere un portone all'ingresso del tuo giardino: sì, puoi decidere chi entra ma, al tempo stesso, puoi aprirlo facilmente quando c'è una situazione buona e sicura davanti a te.

Quindi, possiamo ritenerlo un concetto chiave: confini sani sono morbidi ma **resistenti**. Lasciando spazio all'affetto autentico, non rigettano la vicinanza, ma la selezionano, scegliendo di nutrire le relazioni più importanti. Ma non fanno male, non respingono –

proteggono, custodiscono e incoraggiano la **crescita**. In fin dei conti, questi non sono muri, bensì porte che ti riservi il diritto di aprire o chiudere, secondo ciò che meglio rispetta il tuo benessere personale. E con ciò, puoi dire di sì all'incontro e, al tempo stesso, proteggere la **fioritura** del tuo essere interiore.

In Conclusione

Le informazioni presentate in questo capitolo mettono in luce l'**importanza** dei confini personali e come questi possano migliorare la tua vita quotidiana. Capire quali siano le diverse tipologie di confini e come crearli può non solo tutelare il tuo spazio personale ma anche **rafforzare** le tue relazioni e la fiducia in te stesso.

In questo capitolo hai potuto cogliere diversi aspetti fondamentali. Hai compreso l'importanza di definire i confini personali per **proteggere** il tuo benessere psicologico. Hai esplorato le tre tipologie principali di confini: fisici, emotivi e mentali. Hai scoperto come i confini sani rendano più **solide** le tue relazioni e rafforzino la tua autostima. Hai anche capito la connessione tra il saper imporre dei limiti e l'aumento della tua sicurezza interiore. Infine, hai acquisito strumenti per **valutare** i tuoi attuali confini e capire come possono essere migliorati.

Ricorda, i confini non sono barriere ma **ponti** verso una maggiore serenità e autostima. Questo capitolo ti ha offerto risorse valide per cominciare a definire i tuoi spazi, riconoscere i segnali di confini deboli e **rafforzare** quelli sani. Agisci a partire da queste indicazioni e vedrai come tutelare te stesso ti farà **vivere** con maggiore consapevolezza e libertà. Dai, mettiti in gioco e vedrai che differenza farà nella tua vita!

Capitolo 2: Le Basi di Confini Sani

Ti sei mai chiesto perché, nonostante tutti i tuoi **sforzi**, a volte ti senti ancora prosciugato e insoddisfatto? Io ho passato anni così... tentativi su tentativi di capire cosa mi mancava o dove stavo sbagliando. Devo dirti una cosa: forse, quello che manca è la **consapevolezza** di ciò di cui hai davvero bisogno. E la verità? Senza conoscere e rispettare questi **bisogni**, è come costruire un castello sulla sabbia... Un attimo c'è, il momento dopo si sgretola tutto.

Ecco, questo capitolo ha l'intenzione di essere una **guida** per te, per aiutarti. Ti farò vedere perché la **stima** di te stesso e i tuoi **limiti** sono così importanti. Giorno per giorno diventerai più consapevole di chi sei veramente. Fidati, questa consapevolezza è tutto. Se mai c'è stato un **momento** giusto per iniziare a mettere dei **paletti**, è adesso.

Autoconsapevolezza e Valori Personali

Sai, l'**autoconsapevolezza** è davvero fondamentale quando parliamo di impostare dei **confini** efficaci. Quella sensazione di conoscerti davvero? Di capire i tuoi pensieri, le tue emozioni, e ciò che è importante per te? Tutto parte da lì. Senza autoconsapevolezza, come fai a sapere dove tracciare quella linea sottile che ti protegge da ciò che non vuoi, e ti apre a ciò che invece desideri? Prenditi del tempo per riflettere su ciò che senti in diverse situazioni — che siano spiacevoli o piacevoli. Diventare consapevole di quei piccoli segnali del tuo corpo, come la tensione nelle spalle o il nodo allo stomaco, può dirti quando qualcosa non va bene per te. È un po' come dare alle tue emozioni il permesso di alzare la mano e dire: "Ehi! Forse qui serve un confine!" Senza questa autoconsapevolezza, rischi di ignorare i tuoi bisogni, lasciando che gli altri, intenzionalmente o meno, ne approfittino.

Passiamo ad un esempio pratico. Immagina di trovarti in una situazione dove qualcuno ti chiede un **impegno** che non puoi prendere. Se non hai coltivato una vera consapevolezza di te stesso, potresti dire di sì solo per compiacere, anche se dentro di te senti che stai ignorando una necessità importante. Questo finisce per erodere la fiducia in te stesso, mentre coltivare l'autoconsapevolezza invece, ti rafforza e ti permette di dire no, con gentilezza ma con fermezza. Lo senti anche tu, vero?

Ok, ma autoconsapevolezza e **valori personali** sono sempre legati tra di loro. È come mettere insieme i pezzi di un puzzle, uno non funziona bene senza l'altro. E allora come fai a identificare i tuoi valori fondamentali, quelli che poi ti guideranno nei rapporti, nel lavoro, e nelle tue scelte quotidiane? Inizia dal considerare cosa conta di più per te in certe situazioni. Famiglia? Rispetto per te stesso? La sincerità? Se sono importanti lo sai già, basta solo ascoltarti. Quando queste cose entrano in gioco, diventano dei segnali chiari che forse è tempo di alzare qualche barriera.

Prendiamo, per esempio, il valore della **sincerità**. Se questo è un valore cruciale per te, è naturale voler stabilire limiti dove le relazioni non si basano su verità o franchezza. Proprio per questo, sapere quali sono i tuoi valori ti permette di comunicare quei confini in modo chiaro e onesto. Incontrare una situazione dove, magari, la sincerità è messa a rischio, diventa automaticamente un terreno dove ti sorge voglia di impostare dei paletti.

Ora, sei pienamente convinto di quali sono i tuoi valori, come ti difendi? Allineare i tuoi confini ai tuoi valori personali è tutta un'altra storia. Devi volerlo. Ma come si fa? Te la faccio semplice. Stabilire il confine preciso attivo deliziosamente con ciò che credi significa pensare a lungo termine: come questi limiti influenzano i tuoi **obiettivi**? Prenditela con calma, pian piano, e rifletti su come il dire "sì" o "no" possa influire sul tuo cammino per cui ti spendi tanto. Ogni "sì" dovrebbe essere veramente un "sì" convinto—deve avere una rispondenza concreta con le tue **priorità**, e non con il compiacere ad occhi bendati.

Alla fine, tutta questa **chiarezza** ti permette di vivere secondo i tuoi termini, prendere quelle decisioni che ti fanno stare bene dentro. Insomma, abbracciare i tuoi confini significa vivere secondo i tuoi valori, con bei risultati—credimi.

Riconoscere i Propri Bisogni e Limiti

Quante volte hai **confuso** i tuoi desideri personali con i tuoi veri **bisogni**? È facile farlo, capita a tutti. Ma imparare a distinguere tra ciò che vuoi davvero e ciò di cui hai realmente necessità può fare una differenza enorme nella tua vita. Ti sei mai reso conto di aver inseguito qualcosa solo perché lo volevi, per poi scoprire che non ti ha portato alcuna vera soddisfazione? Succede proprio perché i desideri sono spesso superficiali e temporanei. I bisogni, invece, sono radicati e profondi. Se non li soddisfi, alla lunga finirai per risentirne. Quindi, è importante allenarsi a riconoscere questa distinzione fin da subito.

Quando cominci a fare chiarezza sui tuoi bisogni, ti accorgi che comprendono le cose essenziali: la pace mentale, un sano **equilibrio** tra vita privata e lavoro, relazioni soddisfacenti. I desideri possono essere scambiati per bisogni, come quella nuova auto, un lavoro più prestigioso, o addirittura l'assenza di conflitti in una relazione. Ma alla fine, tutto si riduce a chiederti: "Questo mi serve veramente?"

Se la risposta non ti porta sollievo o serenità a lungo termine, allora potrebbe essere un desiderio mascherato da bisogno.

Parliamo ora di una cosa collegata: identificare i tuoi **limiti**. Riconoscerli fa un'enorme differenza nella qualità della tua vita. Hai mai detto sì a troppe cose, arrivando al punto in cui non avevi più energia né pazienza? Questa è la strada più veloce per il **burnout** e il risentimento. Quei brutti momenti in cui ogni cosa diventa troppo e finisci per implodere. Non solo ti ritrovi senza energie, ma rischi anche di iniziare a provare emozioni negative verso le persone intorno a te, le stesse a cui magari stavi dicendo di sì.

Imparare a riconoscere e rispettare i propri limiti ti permette di evitare quel terribile stato di esaurimento. Fa da scudo al burnout, una difesa naturale. Spesso spingiamo quelle barriere ben oltre il punto di rottura perché non vogliamo deludere qualcuno, o perché temiamo di sembrare egoisti. Sopportiamo lo stress per cosa... un sorriso di circostanza? Le conseguenze costano molto più di quanto valgano le forze impiegate. Stabilire i propri limiti e imparare a dire no, quando è necessario, tiene lontano quel senso di stanchezza, il peso del "troppo".

Vuoi davvero sentirti così **sfinito** per il resto del tempo? Credo di no. È qui che entra in gioco il rispetto serio di quei limiti. Focalizzarsi su questo rispetto non è semplice per tutti. Il senso di colpa può farsi sentire, chiedendoti: "Sto facendo abbastanza?" Ma l'altra faccia della medaglia è la bellezza che ne scaturisce. Un **benessere** fisico ed emotivo che cresce quando i tuoi limiti, così come i tuoi bisogni, sono rispettati sopra ogni altra cosa. Quando lasci che tutto il resto scorra temporaneamente in secondo piano in favore del tuo benessere, ne guadagna non solo la tua salute ma ogni aspetto della tua vita.

Investire tempo e attenzioni nel rispettare i propri bisogni e limiti significa veramente prendersi cura di sé, senza farsi sommergere. Questo non solo ti permette di vivere meglio, ma anche di dare il meglio di te agli altri. Non si può versare da una tazza vuota, giusto?

Il Ruolo dell'Autostima nella Definizione dei Confini

Avere una sana **autostima** è fondamentale quando si tratta di definire confini forti. Quando sai quanto vali, sei più incline a proteggere il tuo spazio personale e a dire di no quando necessario. Ti senti sicuro nelle tue decisioni e non temi il giudizio degli altri. È come avere una bussola interna che ti guida nelle interazioni quotidiane, permettendoti di stabilire con chiarezza cosa è accettabile e cosa non lo è.

Quando ti manca l'autostima, tutto questo diventa difficile. Non ti senti all'altezza e puoi finire per accontentare gli altri solo per sentirti valorizzato. Affronti ogni richiesta con la paura di deludere o di sembrare egoista. Questo può portare a un ciclo vizioso di **esaurimento** e frustrazione. Se non hai fiducia in te stesso, spesso accetti situazioni e comportamenti che mettono a dura prova i tuoi limiti solamente per sentirti approvato o "amabile."

Questa mancanza di **confini** ben definiti non si manifesta solo nelle relazioni personali, ma anche in ambito lavorativo. Non riesci mai a dire di no a un collega? Hai paura di chiedere tempo extra per un compito? Questo può trasformarsi rapidamente in stress e in una riduzione della qualità della tua vita. Capirlo è un primo passo verso il cambiamento.

Ma non finisce qui. Bisogna chiedersi: come fare ad aumentare l'autostima per iniziare a definire meglio i propri confini?

Un modo è riconoscere i piccoli **successi** quotidiani. Spesso svalutiamo le piccole vittorie, ma sono quelle che permettono di costruire una base solida per una maggiore fiducia. Non serve un grande traguardo per sentirti meglio con te stesso; a volte, basta aver evitato un fastidio minore solo perché hai detto di no. Piano piano, diventa più facile.

Riconoscendo le tue qualità e lavorando sulle debolezze, pian piano cambi, ti conosci meglio e ti apprezzi di più. Anche passare del tempo con persone che ti valorizzano è una buona **abitudine**. Circondati di chi ti supporta e ti comprende. È come un caldo raggio di sole in una giornata fredda.

Un'altra strada è fare pratica nell'arte di dire di no. Non è necessario essere brusco, ma un assertivo e semplice "No, grazie" anche a piccole richieste può fare già la differenza nel lungo termine. È tutto legato al riconoscere il proprio **valore**.

Penso sia cruciale. Basta un piccolo passo per cambiare la percezione di te stesso e, alla lunga, diventare più consapevole dei tuoi bisogni e limiti. Quando hai il controllo della tua **autostima**, tutto diventa più semplice, accettare i limiti è naturale... e imporli agli altri.

Sviluppare un Forte Senso di Sé

Hai mai sentito parlare di **auto-differenziazione**? Il termine sembra complicato, ma la verità è che il concetto è piuttosto semplice e incredibilmente utile nelle relazioni. Quando riesci a differenziarti, sviluppi la capacità di distinguere tra chi sei veramente e ciò che gli altri potrebbero voler che tu sia. In pratica, significa che puoi restare connesso con gli altri senza perdere te stesso. Insomma, è una roba piuttosto potente quando ci pensi.

Ma perché è così importante? Senza una forte auto-differenziazione, potresti finire per sacrificare i tuoi **bisogni** e desideri solo per compiacere gli altri. E questo, lo sai meglio di tutti, non ti porta da nessuna parte. Ti senti frustrato, esausto e quasi sconnesso... da te stesso. Imparare a differenziarti ti permetterà di gestire meglio questi momenti e mantenere un equilibrio sano e autentico nelle tue relazioni personali. È come avere una bussola interna che ti guida, indipendentemente dalla tempesta che potrebbe girarti attorno.

Quando sei ben radicato in chi sei, i tuoi **confini** diventano molto più chiari. Ti diventa naturale esprimere ciò che accetti o no, perché non cerchi più approvazione esterna, né ti lasci trascinare dalle aspettative altrui. È proprio qui che un forte senso di sé entra in gioco. Più sei chiaro con te stesso, meglio ti riesce a comunicare i tuoi confini. Parlando con il cuore in mano, non c'è più spazio per incomprensioni o ambiguità.

Pensa a questo: chi ha un senso di sé ben sviluppato sa dire "no" dove serve, senza sentirsi in colpa, e sa dire "sì" dove davvero sente di volerlo. È una **comunicazione** limpida, cristallina, basata su un'autenticità che non lascia spazio a fraintendimenti. E la bellezza di tutto questo? Non si tratta di diventare freddi o distaccati. Al contrario, si tratta di essere profondamente connessi... a se stessi, prima di tutto. E questa connessione si riflette automaticamente nei tuoi rapporti.

Adesso, fermati un attimo e pensa a quando vuoi mantenere la tua **individualità**, specialmente in quelle relazioni più intime. Può sembrare un paradosso, ma quanto più tieni forte la tua individualità, tanto più forte diventa la vera intimità. Questo perché un rapporto sano non si basa sulla fusione totale, ma sul rispetto delle differenze. Due persone possono essere vicine, molto vicine, senza rinunciare a ciò che le rende uniche.

Ma com'è che questa separazione rafforza l'**intimità**? È bello quando qualcuno ti conosce davvero, no? Ma è ancora meglio quando ti conoscono e ti accettano per quello che sei, come individuo, e non per quello che pensano tu debba essere. Quando però mantieni intatta la tua individualità, queste dinamiche relazionali si arricchiscono. Dici la tua senza timore e condividi, perché sai che non perderai te stesso nel farlo.

Alla fine, sviluppare un forte senso di sé non significa isolarsi dagli altri. È tutto fuorché un isolamento. Si tratta di essere abbastanza **consapevoli** e solidi da portare il tuo "vero io" in ogni relazione, senza il timore di essere giudicato o di dover sacrificare la tua essenza. Una volta che comprendi il **potere** che deriva dall'essere te stesso fino in fondo, gli altri iniziano ad apprezzarti per quello che realmente sei. E questo, forse senza grandi sforzi, rende il cammino più fluido, naturale, e stranamente, più intimo.

In Conclusione

Questo capitolo ha evidenziato molti aspetti **cruciali** per definire e mantenere **confini** sani ed equilibrati nella tua vita. Essere **consapevole** di te stesso e delle tue necessità è essenziale per proteggere il tuo benessere e costruire **relazioni** sincere e rispettose. Come indicato, conoscersi meglio e prendersi cura delle proprie priorità porta a interazioni più genuine e alla pace interiore.

In questo capitolo si è parlato dell'importanza di essere consapevoli di sé stessi per creare confini efficaci, di come identificare i valori personali che guidano le decisioni sui confini, del riconoscimento dei propri bisogni e limiti per evitare esaurimenti, del legame tra **autostima** e solidità dei confini, e dell'importanza di mantenere la propria individualità nelle relazioni.

Ricorda che creare confini non è solo uno **strumento** di protezione: è un atto di **amore** verso te stesso e verso gli altri. Utilizza queste informazioni e suggerimenti, e non avere paura di applicare quanto appreso nel caos quotidiano per migliorare la tua vita e le tue relazioni. Hai tutto ciò di cui hai bisogno per costruire uno spazio sicuro e rispettoso attorno a te.

Capitolo 3: La Psicologia dei Confini

Hai mai **riflettuto** su come definire i limiti intorno a te possa **cambiare** la tua vita? Io sì, e sono rimasto affascinato dalla **potenza** che possono avere. In questo capitolo, vado dritto al punto, perché credo che **trasformerà** profondamente il modo in cui gestisci le tue relazioni e te stesso. Non parleremo solo di come i confini **influenzano** i legami con gli altri, ma anche di quanto sia straordinario imparare a **riconoscerli** e a superarli, specialmente quando sono stati costruiti durante l'infanzia. Non sono solo mura invisibili; sono **strumenti** fondamentali per capire chi siamo. E sai una cosa? Vorrei davvero che tu lo sentissi allo stesso modo, che trovassi in questo capitolo quella **scintilla** che trasforma la percezione dei limiti nella tua forza interiore.

Come i confini modellano le nostre relazioni

Quando parliamo di relazioni, spesso pensiamo a connessioni emotive e a come ci leghiamo agli altri. Ma c'è un elemento fondamentale che, pur essendo meno visibile, influenza profondamente queste dinamiche: i **confini**. Immagina i confini come una sorta di cordoni che delimitano la tua mente e la tua anima. Ma questi limiti non sono solo muri che costruisci per proteggerti da eventuali pericoli, bensì strumenti essenziali che offrono benefici psicologici enormi.

Avere confini chiari in una relazione, che sia d'amore, d'amicizia o di lavoro, ti permette di prendere una boccata d'aria simile a quando finisci una lunga corsa. C'è un senso di **sicurezza**, vero? Senti che sai dove inizi tu e dove finisce l'altro. Sei meno confuso riguardo ai tuoi bisogni, e questo ti dà la serenità di affrontare ogni tipo di conversazione – dallo sfogo amichevole al tema più spinoso. Non ti senti più schiacciato dalle decisioni altrui, e puoi scacciare il fantasma dell'ansia. Per non parlare dell'**autostima**. Sapere che meriti determinati standard, e che le tue emozioni e i tuoi pensieri sono validi, ti dà quella spinta di forza interiore. Il bello è che i confini li puoi stringere o allentare a seconda del contesto, proprio come faresti con la cinghia della tua cintura.

Ma non si tratta solo di stare meglio con te stesso. Questi confini sono intrecciati al modo in cui certe relazioni crescono e si sviluppano. Quando imposti dei limiti, rimane lì all'aperto un altro importante concetto: come influenzano gli stili di attaccamento e i modelli di **relazione**. Prova a riflettere sulla tua infanzia. Lì, i confini ti sono stati insegnati o ignorati in tanti modi sottili. Un bambino che ha avuto genitori presenti e affettuosi, ma che sapevano anche quando dire "No, questo non va bene", ha imparato che l'amore non significa cedere sempre alle richieste dell'altro, ma stabilire un equilibrio. Ma cosa ha lasciato impresso quell'equilibrio? Stili di attaccamento sani.

Immagina chi è stato troppo accontentato o troppo trascurato. Potrebbe vivere relazioni dove non riesce mai a sentirsi completo, sempre in balia delle emozioni dell'altro. Tutto ciò ha origine in quella mancanza di confini nei suoi momenti di **imprinting**. È come costruire una casa senza curare troppo le fondamenta: prima o poi, tremando, tutto crolla.

A pensarci bene, confini sani e ben definiti possono essere una sorta di perno per il **rispetto** reciproco. Quando imponi confini che rispecchiano i tuoi valori e desideri, inviti l'altro a fare lo stesso. È un atto bilaterale, dove entrambi gli individui si riconoscono e si percepiscono ugualmente importanti. Sai perché? Perché nell'agire rispettosamente l'uno verso i limiti dell'altro, costruisci **fiducia**, quella che rappresenta la base più solida su cui qualsiasi relazione vera e sincera può poggiare le gambe. Non c'è più quella paura opprimente che potresti dire qualcosa di sbagliato o, peggio, agire contro la tua volontà. Avviene questo tipo di scambio che è basato sulla **trasparenza** -- quindi entrambi vi sentite al sicuro. Come in una danza. Un passo via l'altro. Entrambi vi rispettate e vi rilassate, persino quando una scivolata potrebbe avvicinarsi.

Dimmi, com'è che puoi davvero stare tranquillo tra le tue relazioni? Avere confini specifici e ben pensati potrebbe essere la **soluzione**.

L'impatto delle esperienze infantili sulla formazione dei confini

Quando parliamo di **confini**, è importante considerare come si sviluppano già da piccoli. Le **dinamiche familiari**, nei primi anni di vita, giocano un ruolo fondamentale. Da bambino, impari presto a capire cosa si può e non si può fare, e cosa deve essere detto o no. Tra l'essere libero di esprimerti e sentirti limitato o non ascoltato, c'è davvero un mondo che ti segna per gli anni a venire.

Le famiglie con genitori molto autoritari, ad esempio, possono lasciarti con la sensazione che non ci sia spazio per i tuoi confini. Magari ti senti costretto a rispettare solo le regole dettate dall'alto, senza poter mai dire la tua. Oppure, può succedere il contrario: cresci in un ambiente troppo permissivo, dove tutti i confini sono sfumati, quasi inesistenti. Entrambe queste situazioni influiscono sul concetto di confine che ti porterai dietro nella vita adulta. Non capisci bene dov'è il limite, quindi diventa difficile stabilirne uno, e ancor più difenderlo in maniera sana.

Passiamo ora a parlare di un concetto più specifico, quello dell'**enmeshment**. Se la parola non ti è familiare, non preoccuparti. In poche parole, l'enmeshment descrive una situazione in cui i confini tra i membri di una famiglia sono talmente ridotti che diventa difficile distinguere i bisogni e i desideri di una persona rispetto a un'altra. Sei cresciuto sentendo che i tuoi sentimenti, i tuoi obiettivi e persino la tua identità non erano solo tuoi, ma "fusi" con quelli, ad esempio, di un genitore o di un fratello.

Qui inizia la difficoltà maggiore: stabilire confini personali diventa quasi impossibile. Ti sei abituato a vivere una realtà emotiva confusa dove stai vicino agli altri come se non ci fosse separazione tra te e loro. Questo può portare, crescendo, a relazioni distorte; relazioni in cui fai più fatica a dire "No" e finisci per assecondare sempre gli altri. Per non parlare dell'incapacità di capire davvero i tuoi bisogni senza sentirti in colpa se sono diversi da quelli delle persone che hai attorno.

La questione si complica ulteriormente quando includiamo il **trauma infantile** nella discussione. Gli eventi traumatici vissuti da piccolo danneggiano seriamente la tua capacità di costruire confini sicuri. Pensa a un bambino che ha subìto abusi fisici o verbali: quasi automaticamente impara a non fidarsi degli altri, ma, al tempo stesso, potrebbe avere barriere troppo rigide per proteggersi. Confondere il difendersi e l'isolarsi con lo stabilire confini è una cosa che accade spesso.

Il trauma insegna la **paura**, e anche a crescere senza molte certezze. Da adulto, potresti notare che tendi a lasciare poco spazio nel tuo spazio vitale, per il timore di essere ferito o sfruttato. Oppure, ti comporti come una persona con confini sottilissimi, che passano come se non esistessero, e la paura di rifiuto o conflitto prende il sopravvento. Tutto questo ti porta, senza accorgertene, in un circolo vizioso che ti impedisce di vivere **relazioni** veramente appaganti e basate sul rispetto reciproco.

In fondo, le esperienze dell'infanzia che non hai mai affrontato ti seguono. Però—ed è questo un però importante—sapere queste cose ti offre una nuova **consapevolezza**. Se credi di aver vissuto situazioni simili, è possibile lavorare su di esse, impegnandoti per definire confini più forti e salutari nella tua vita adulta.

Benefici Psicologici dei Confini Sani

I **confini**, anche se spesso trascurati, giocano un ruolo fondamentale per la tua stabilità emotiva e salute mentale. Quando riesci a impostare dei limiti chiari e decisi, è come se costruissi un muro intorno alla tua mente e al tuo cuore per proteggerli dalle influenze esterne che potrebbero turbarli. Questo muro non ti distacca dalle persone, anzi, ti aiuta a godere delle **relazioni** in modo più sano. Avere confini ben definiti riduce notevolmente la possibilità di sentirti soffocato o dominato dalle richieste degli altri.

Quando sai fino a dove gli altri possono spingersi, ti senti più al sicuro e meno incerto rispetto alle interazioni quotidiane. Sicuro del tuo spazio, riesci a mantenere la tua sanità mentale evitando quelle confusioni emozionali che spesso derivano dalla mancanza di limiti chiari. E questo porta a una **stabilità** emotiva quasi rinfrescante. All'improvviso, la vita sembra meno caotica e più sotto il tuo controllo, perché non stai più cercando di compiacere gli altri a discapito di te stesso.

Ma non è che l'inizio... Quando hai dei confini ben definiti, lo **stress** e l'ansia diminuiscono drasticamente. Pensa a quante volte sei stato sopraffatto perché non sapevi dire di no, o perché non avevi abbastanza spazio per respirare nelle relazioni. Stabilire dei limiti ti solleva da questo fardello. Quando sai esattamente dove porre il freno alle esigenze altrui, puoi dire no senza sensi di colpa. E ogni volta che riesci a dire no senza il peso delle aspettative esterne, alle tue spalle si scioglie un nodo di tensione. Non è fantastico?

D'altronde, chi non vorrebbe vivere senza quella pressione costante che quasi attanaglia lo stomaco? È ovvio che nessuno cerca volontariamente una vita basata sull'ansia continua. Quindi, se stabilire confini può evitare tutto questo, perché non farlo? È un ottimo modo per ridurre quello **stress** inutile e concentrarti su ciò che ti rende davvero felice, giorno dopo giorno.

Ora, questa riduzione dello stress porta a rafforzare il modo in cui ti vedi. Con confini chiari, arriva un crescente senso di **autostima**. Il motivo è semplice: stabilire confini è un atto d'amore verso te stesso. Quando proteggi il tuo spazio personale, stai praticamente affermando che vali abbastanza per meritartelo. Poco a poco, cambia il modo in cui ti percepisci. Cominci a vederti come una persona degna di rispetto, sia da parte tua che degli altri. Questo senso di dignità non ha prezzo. Improvvisamente, ti viene naturale avere una visione positiva di te stesso.

In fin dei conti, quando ti ami abbastanza da definire dei limiti è come se ti dicessi che valuti il tuo **benessere** più di ogni altra cosa. Quei confini solidi sono la chiave per costruire un'immagine positiva e sicura di te, che si riflette in ogni aspetto della tua vita. Insomma, non stiamo parlando solo di mettere un freno agli altri, stiamo parlando di rivendicare ciò che sei e ciò che desideri davvero dal mondo intorno a te. Essere il **padrone** del tuo spazio!

Superare le barriere psicologiche per stabilire dei confini

A volte può sembrarti quasi impossibile dire "no" senza sentirti in colpa. È come se qualcosa ti trattenesse, una **paura** di ferire gli altri o di essere considerato egoista. Ti chiedi: "Cosa penseranno? Mi ameranno ancora?". Tutte queste paure sono come ombre che bloccano la strada verso l'affermazione dei tuoi **bisogni**. Però, se ti fermi un attimo e analizzi queste paure, puoi vedere come spesso siano eccessivamente ingigantite.

Una delle paure comuni è quella di essere rifiutato o giudicato negativamente. Spesso pensi che, dicendo di no, verrai escluso, non compreso o addirittura respinto. È normale, tutti vogliamo essere accettati. Ma far combaciare i tuoi desideri e limiti con quelli degli altri non significa per forza dover cedere su tutto, giusto?

C'è anche quella paura di sembrare egoista, come se mettere un **confine** significasse che non ti importa degli altri. Tormentato dal timore di malintesi, permetti agli altri d'invadere il tuo spazio, ignorando i tuoi veri desideri.

Passiamo ora all'altro lato della medaglia: le distorsioni cognitive legate ai problemi di confini. Queste sono **convinzioni** errate, negative, che ti fanno percepire i confini come qualcosa di sbagliato. È come indossare un paio di occhiali sporchi, che distorcono tutto ciò che vedi.

Ad esempio, potresti pensare che se metti dei confini, finirai per essere lasciato solo o che gli altri smetteranno di volerti bene. È la famosa fallacia del "tutto o niente": credere che essere accettato senza riserve significhi necessariamente dire sempre "sì" a tutti. Oppure ti dici che devi essere sempre disponibile per dimostrare il tuo valore agli altri, come se dire "sì" fosse l'unico modo per guadagnarti l'affetto degli altri. Forse sottovaluti anche le tue capacità di fronteggiare il **conflitto**, temendo che il semplice atto di stabilire un confine possa portare a una rottura insormontabile.

Però puoi girare pagina e iniziare a sfidare queste convinzioni, a cambiarle. Un passo alla volta, come quando scorgi il sentiero nascosto in un bosco fitto e cominci a ripulirlo dai rami e dalle foglie. Per iniziare, puoi chiederti: "Quali prove ho, davvero, che dire di no risulterà in un cataclisma nella mia vita?" Probabilmente molto meno di quanto pensi.

Puoi provare a sostituire queste credenze limitanti con **affermazioni** più positive e realistiche, come: "i miei bisogni sono importanti e sono degni di essere rispettati" oppure "gli altri possono accettare il mio no, e se non lo fanno, non vuol dire che non valgo". Più ti eserciti, più diventa facile.

Non scordare l'importanza di saper **comunicare** in modo chiaro, senza ambiguità, i tuoi desideri e i tuoi limiti. Una comunicazione che deve essere autentica, mai imposta, sempre basata sul rispetto reciproco. Quel rispetto reciproco di cui tanto si parla, ma che si costruisce anche – e soprattutto – nelle piccole cose.

In definitiva, definire e comunicare in modo deciso quelli che sono i confini è come avere una **bussola** che orienta i tuoi rapporti con gli altri, senza rischiare di perderti. L'equilibrio tra il "sì" e il "no" è il passo che trasforma le tue idee in realtà.

In conclusione

In questo capitolo, hai approfondito l'**importanza** di stabilire dei confini chiari nelle tue relazioni e hai esplorato come l'**infanzia** e le esperienze di vita influenzino la tua capacità di gestire questi confini in età adulta. Anche se affrontare certe dinamiche psicologiche può sembrare complicato, questo capitolo ti ha mostrato come la **consapevolezza** e la pratica di confini sani possano migliorare la tua salute emotiva e relazionale.

Hai scoperto come i confini chiari possano migliorare le **relazioni**, aumentando il rispetto reciproco. Hai anche esaminato l'influenza dell'infanzia nella formazione dei confini personali e nelle tue attuali interazioni. Inoltre, hai esplorato i **benefici** psicologici legati a confini sani, dalla riduzione dell'ansia a una maggiore serenità interiore.

Hai imparato come affrontare le paure e le **insicurezze** che ti impediscono di stabilire limiti efficaci e hai acquisito strategie concrete per mettere in discussione le convinzioni limitanti che sabotano i tuoi confini.

Per applicare ciò che hai imparato, inizia subito a riflettere sui confini che hai oggi nelle tue relazioni e prova a capire cosa potrebbe essere migliorato. La **pratica** farà una grande differenza nel modo in cui vivi le relazioni e nella tua percezione di te stesso. Non scoraggiarti e ricorda che migliorare i confini richiede tempo, ma porta a **risultati** duraturi e positivi.

Capitolo 4: Tipi di Confini

Hai mai sentito quel fastidioso **pizzico**, quel momento quando qualcuno ha superato un **limite** che non sapevi nemmeno di avere? Beh, è una situazione che riconosco fin troppo bene. In questo capitolo, voglio mostrarti come riconoscere e, direi, **rafforzare** i confini che esistono nella tua vita quotidiana. Ti sorprenderai di quante volte metti da parte i tuoi limiti personali senza nemmeno accorgertene.

Capire dove finisci tu e dove iniziano gli altri cambia tutto. Dalle **emozioni** che provi, alle **energie** mentali, fino al modo in cui spendi il tuo tempo prezioso – ogni aspetto conta. Non preoccuparti, non è una lezione noiosa con parole difficili. Ti offrirò esempi **semplici**, come piccole chiavi per aprire una nuova porta di **consapevolezza**. Sei pronto a scoprire la tua vera forza **protettiva**? Dai, inizia a leggere... ti prometto che ne varrà la pena.

Confini Fisici

Sai quando sei in **fila** da qualche parte e qualcuno si avvicina troppo? Ecco, in quel momento probabilmente senti quella strana sensazione di **disagio**. Quella sensazione è il tuo modo, istintivo o no, di dire: "Ehi, questo è il mio spazio!" Lo **spazio personale**, quel piccolo cerchio invisibile intorno a te, è una parte fondamentale dei tuoi confini fisici. Quando qualcuno lo invade, può farti sentire spiazzato, persino ansioso. E questo non vale solo per lo spazio fisico ma anche per il tuo senso di **autonomia** corporea. Rispettare questo spazio è essenziale per mantenere rapporti sereni o, come si suol dire, per evitare che gli altri "calpestino il tuo orto."

Ma sai qual è una cosa ancora più importante? Capire che i confini fisici non sono uguali per tutti e che cambiano in base al contesto. Per alcuni, un semplice **abbraccio** può essere invadente, mentre altri ne sentono il bisogno come una dimostrazione d'affetto. Il problema è quando queste differenze vengono ignorate.

Un passante può spingerti sulla metropolitana affollata. Un parente può venirti a prendere per gioco un po' troppo forte a una festa. Persone che fanno troppo i confidenziali, sembrano infilarsi tra te e la tua bolla personale. Queste violazioni, anche se possono sembrare cose piccole, lasciano una specie di cicatrice invisibile che ti sfida a mettere dei limiti. Alla lunga, ti fanno sentire sempre "sulla difensiva".

Ecco, adesso che abbiamo toccato il tema di quanto lo spazio personale sia essenziale, come fai a proteggerlo quando è minacciato? Nessuno deve invadere il tuo corpo, e hai ogni diritto di dire di no senza sentirti in colpa. Ed è qui che entra in gioco il "**Stop**, Think, Assert." Funziona così:

• **Fermati**: Quando ti rendi conto che qualcuno sta oltrepassando il confine fisico e ti senti a disagio, fermati un attimo.

• **Pensa**: Rifletti, anche se ci metti solo un secondo. Cosa sta succedendo? Come stanno cercando di invadere il tuo spazio? È un errore o è chiaramente intenzionale?

• **Asserisci**: Ora, con calma e sicurezza, esprimi il tuo disagio e fai rispettare il tuo confine. Puoi dire "Non mi sento a mio agio", o semplicemente fare un passo indietro e mostrare con il corpo che il loro atteggiamento non va bene.

Con questo semplice processo puoi risollevare lo scudo di un confine fisico ben definito senza cadere nella trappola del senso di colpa o dell'imbarazzo. Non sei disarmato! Basta usare i pochi **strumenti** giusti.

Confini Emotivi

I confini emotivi sono come uno **scudo** invisibile ma potente che ti protegge dalle energie e dalle emozioni degli altri. Non li vedi, ma li senti eccome. Quando li rispetti, tieni al sicuro il tuo **benessere** mentale ed eviti di svuotarti come una batteria troppo usata. Sì, parlo di burnout, quella sensazione di essere completamente esaurito–sia mentalmente che emotivamente.

Immagina un esempio: un amico è in difficoltà e tu vuoi esserci per lui, ovvio. Però... quanto dovresti rimanere **coinvolto** nella sua storia prima che inizi a risentirne? Ecco dove i confini emotivi entrano in gioco. Ti permettono di aiutare senza farti sopraffare. Proteggono la tua **serenità** e ti impediscono di diventare come una spugna che assorbe tutta la negatività intorno a te. Quando non metti questi confini, potresti iniziare a sentirti sopraffatto o addirittura svuotato–ed è qui che nasce quel terribile senso di stanchezza cronica.

Quindi, come fai a sapere quando metterli in atto? Semplice, osserva te stesso. Se ti ritrovi che dopo aver passato tempo con certe persone ti senti stanco o ansioso, è un campanello d'allarme. Forse hai aperto i tuoi confini emotivi troppo, lasciando che le **emozioni** degli altri entrassero troppo nel territorio della tua mente. Ma non preoccuparti, metterli in atto è questione di pratica. Non devi dire un "no" secco, magari basterà allontanarti o prendere qualche minuto di respiro.

Però capisco che può esserci qualche confusione tra essere empatici e lasciarsi trascinare dal coinvolgimento emotivo. Ed è una linea sottile, credimi. L'**empatia** è quella capacità meravigliosa che tutti abbiamo per connetterci con le emozioni degli altri. Sì, è naturale provare empatia. Ma c'è una differenza enorme tra simpatizzare e farti tirare nelle sabbie mobili dell'angoscia altrui. Il coinvolgimento emotivo eccessivo ti tiene sveglio la notte a rimuginare su problemi che non ti appartengono. E sai che fa? Fa male, te lo dico io. L'empatia si ferma nel momento in cui riconosci che il problema non è il tuo, mentre il coinvolgimento eccessivo ti fa assumere quella responsabilità.

Quindi quando ti rendi conto che le tue notti insonni stanno aumentando e il tuo umore sembra crollare giorno dopo giorno... dobbiamo parlarne. Qualche altro trucco? Vai con la buona vecchia respirazione consapevole. Respira profondamente... ti distacchi per un attimo. Non è mancanza di cura. È prendersi cura di sé stessi.

E ti posso suggerire un piccolo esercizio mentale? È qualcosa che io chiamo "Il **Contenitore** Emotivo." Pensa di avere questo contenitore dentro di te, proprio al livello della pancia. Inizi ogni giornata con questo contenitore vuoto e, durante la giornata, qualcuno ti piange il cuore con la sua tristezza o ti fa arrabbiare con la sua frustrazione. Decidi tu cosa mettere nel contenitore e quanto lasciarlo riempire.

Nel momento in cui senti il contenitore arrivare al limite, prendi un attimo, fermati. Visualizzalo. Puoi decidere se vuotarlo lentamente o se sigillarlo, almeno per ora. Funziona perché è concreto e ci fa capire meglio come gestire energie ed emozioni. Sì, non fa miracoli, ma cambia davvero il **gioco**.

Confini Mentali

È facile pensare che i confini siano solo fisici, legati alle distanze che mantieni tra te e gli altri. Ma c'è un altro tipo di confine forse ancora più importante: i confini **mentali**. Questi confini proteggono ciò che è tuo—i tuoi **pensieri**, le tue credenze, le tue idee. Immagina i confini mentali come una sorta di scudo che difende il tuo "io" interiore. Senza di essi, sarebbe troppo facile lasciare che il caos esterno penetri dentro di te, distorcendo chi sei e cosa credi.

Quando hai chiari i tuoi confini mentali, hai il **controllo** su ciò che lasci entrare nella tua mente. Non è sempre semplice, certo, ma è fondamentale per preservare la tua **identità**. Senza questi confini, le opinioni degli altri rischiano di prendere il sopravvento. Puoi iniziare a dubitare delle tue credenze, smarrendo il senso di te stesso. Una mente vulnerabile è una mente facilmente influenzabile—e la tua mente è l'ultima cosa che vuoi perdere sotto il controllo di qualcun altro.

Ma cosa succede quando questi confini vengono violati? Ecco che l'impatto si fa sentire sull'**autostima**. Ti sei mai sentito svuotato, quasi come se le tue certezze fossero state messe in discussione? Capita spesso quando lasci che gli altri sguazzino nei tuoi pensieri senza filtro. Quando accetti passivamente le idee degli altri, le tue convinzioni, poco a poco, ne escono indebolite. È come scavare un buco nel centro di ciò che sei. Una volta ridimensionati o persino sminuiti i tuoi pensieri, l'autostima crolla. La verità è che reprimere la tua voce interiore per compiacere gli altri porta solo a insoddisfazione e una continua sensazione di vuoto. Non è facile ritrovare la fiducia in te stesso una volta che l'hai persa, soprattutto se non hai messo in chiaro i tuoi confini mentali.

A questo punto, potresti chiederti come mantenere intatti questi confini mentali. Qui entra in gioco una tecnica chiamata "**Filtro** dei Pensieri." È una pratica semplice, ma efficace—si tratta di vagliare quali pensieri ammettere dentro di te. Pensa alla tua mente come a una festa privata. Hai una lista degli ospiti e nessuno senza l'invito entra. Se un pensiero entra nella tua mente e comincia a influenzarti in maniera negativa, chiediti: questo pensiero mi serve davvero? O è solo una voce estranea che cerca di sabotare la padronanza dei miei pensieri?

Con il Filtro dei Pensieri puoi proteggerti giorno dopo giorno, tenendo alla larga la negatività e coltivando pensieri che ti aiutano davvero. Ad esempio, se qualcuno critica una tua decisione e ti fa mettere in dubbio te stesso, passa quel pensiero attraverso il filtro: è una critica costruttiva o sta solo cercando di relegarti in una comfort zone che non ti piace? Eliminando quello che non serve, rafforzi ancora di più i tuoi confini mentali e crei uno spazio mentale sicuro, solo per te. Un luogo dove la tua voce è quella che conta davvero—dove è forte abbastanza da non farsi corrodere dalle opinioni altrui.

Quindi, la prossima volta che qualcuno prova a buttare giù i tuoi pensieri con una valanga di negatività, sappi che hai questo filtro a disposizione. Tiralo fuori, usalo consapevolmente e nota come riesci a **cavartela**.

Confini di Tempo ed Energia

A volte ti trovi a correre da un'attività all'altra senza respiro, vero? È come prendere una corsa infinita su una ruota di criceto senza avere mai il tempo di fermarti. Questo, a lungo andare, porta al temuto **sovraccarico**. Quando parliamo di confini di tempo ed energia, parliamo proprio della necessità di interrompere questa folle corsa. Definire dei limiti chiari su quanto tempo ed **energia** dare agli altri è fondamentale per evitare di esaurirti. Perché sì, non puoi dare il 100% a tutti se poi per te resta uno stremato 0%. È una questione di **equilibrio**. Avere limiti ben definiti serve a dire "io valgo" e a prenderti cura della tua energia come qualcosa di prezioso e non infinitamente a disposizione.

Per fare un esempio, pensa a quando organizzi la giornata. Lasci spesso che le **scadenze** si accumulino, senza riuscire a ritagliarti un momento per respirare? Oppure trovi difficile dire "no" a chi ti chiede favori, anche quando sai che non hai davvero tempo da offrirgli? Anche se usare la parola "confini" potrebbe suonare un po' severo, in realtà è una forma di protezione. Quando imposti dei limiti, stai evitando quella sensazione di essere tirato in mille direzioni diverse, fino a esaurire tutte le tue risorse.

Mettiamo l'accento sui "**ladri di tempo**." Sai, quelle piccole attività che magicamente si rubano ore del tuo giorno senza che te ne accorga... Parliamo di quelle. Riconoscerle è il primo passo per tenere pulito il tuo calendario. Si tratta di interruzioni continue, come messaggi su WhatsApp che suonano costantemente, o piccole commissioni non pianificate che ti portano via molto più tempo del previsto. Un discorso innocuo con un collega potrebbe finire per mangiarsi mezza mattina, oppure solo il riordinare la casa può levarti delle preziose ore che avresti voluto usare per goderti un caffè in pace.

Hai bisogno di un modo per identificare queste trappole e ridurle, il che passa spesso dal fare attenzione a come passi le tue giornate. Pensa a te come una goccia di energia... dove vuoi cadere? Ogni volta che lasci che i "ladri di tempo" dominino il tuo tempo, consegni pezzi di te stesso a situazioni che, in fondo, non ti arricchiscono davvero. Per evitare quest'esaurimento di risorse, una delle cose più importanti è essere **selettivo** - chiederti davvero: questa cosa vale il mio tempo?

E se vuoi razionalizzare tutto questo, puoi provare l'esercizio che chiamano "**Audit Energetico**." Suona più complicato di quanto sia. Si tratta semplicemente di dare un'occhiata a come impieghi le tue energie in un giorno qualunque. Da quando ti alzi fino a quando vai a dormire, cosa incide maggiormente sul tuo spirito e cosa ti lascia scarico? Prendi nota di chi o cosa ti prosciuga e cosa, invece, ti ricarica. Fai un piccolo bilancio a fine giornata. Così facendo, sarai in grado di abbandonare, ove possibile, ciò che ti toglie energia e scegliere di investire solo in ciò che ti è utile, che ti fa bene... che ti dà qualcosa indietro. L'importante è riallocare le tue risorse personali nel miglior modo possibile per sentire che il tuo tempo e la tua energia vengono spesi bene, dando valore a ciò che per te è davvero importante.

Più conosci te stesso e le tue risorse, più sarai capace di **difenderle**. Ricorda, è meglio dire qualche "no" piuttosto che finire per sentirti vuoto... sempre rincorrendo il tempo.

Esercizio Pratico: Identificare i Tuoi Tipi di Confini

Per capire dove potresti migliorare i tuoi **confini**, devi iniziare con qualcosa di molto semplice: le tue **giornate**. Te le sei mai davvero preso a osservare da vicino?

Mettiti un po' di tempo da parte e prendi carta e penna, oppure il tuo fidato telefono. Ora fai un elenco di tutte le cose che fai ogni giorno, dalle più banali, come bere il caffè al mattino, fino alle attività più impegnative come riunioni di lavoro o serate con amici. Aggiungi anche i tipi di interazioni che normalmente vivi, dai sorrisi cordiali al bar con il barista al confronto via email con un collega.

Capisco, può sembrare una lunga lista, ma non deve coprire ogni dettaglio. Concentrati invece su ciò che è ripetitivo nelle tue giornate - ciò che porti avanti settimana dopo settimana. Una volta che hai fatto l'elenco, vedrai che sarà molto utile. Ti avvicina al prossimo passo...

Guardando la lista che hai appena creato, prova a categorizzare ogni elemento in tipi di confini fisici, emotivi, mentali o di tempo/energia. Ad esempio, gli incontri di lavoro sono più probabilmente legati ai confini mentali e di tempo/energia, mentre un abbraccio con un amico riguarda i confini fisici e magari anche emotivi. È importante capire dove ogni attività o **interazione** rientra - in quali confini economizzi oppure sprechi. In altre parole, stai definendo se un certo tipo di attività o interazione fisica, mentale, o emozionale richiede più investimenti - oppure richiede più protezioni.

Man mano che etichetti ogni punto, potresti notare che alcuni ambiti entrano in più di una categoria. Non preoccuparti - è normale e utile soprattutto se non percepisci dislivelli in quanto stress emotivo e impiego di energie.

A questo punto potresti dedicarti al tuo istinto totale. Dai un voto ad ogni azione o interazione che hai elencato, dove "1" equivale a "molto scomodo" e "10" si traduce in "sentirsi in totale beatitudine". Prova davvero ad ascoltare le tue **sensazioni** mentre rifletti su come vengono in classifica. Non rifinire troppo - la valutazione istintiva è quella più sincera. Potresti accorgerti che una semplice conversazione vicino alla macchinetta del caffè ti lascia stressato invece che divertito o che guidare nel traffico è un 2 sul livello di comfort. Distinguere intuitivamente tra ciò che ti arricchisce e ciò che è tossico per te è vitale...

Alla fine di questa fase, hai sulla carta un quadro abbastanza crudo di ciò che ti fa stare bene e cosa no... Proseguiamo questo percorso...

Ecco la parte davvero interessante. Adesso che hai, da una parte l'elenco classificato delle attività con etichette relative ai confini, dall'altra una scala di comfort su quella lista - inizia a cercare **schemi** o ripetizioni. Lo hai già fatto, anche inconsciamente. Dov'è che finisci per cedere? Dove sei veramente forte e capace di proteggerti? Magari noti che sei bravo a mantenere confini fisici, magari un po' meno in quelli emotivi. Oppure, sei fantastico nel gestire il tempo-energia tranne quando fai concessioni di lavoro in pienezza. Spuntare dove ti rendi conto che finisci per dire troppo spesso 'sì' o 'certo' potrebbe tirare fuori una zona che hai maltrattato.

E sai cosa questo significa? Sai già dove devi mettere...

Persa... Perlomeno sei capace di vedere ciò che ti infastidisce. Non devi necessariamente cercare la cosa più negativa della tua vita. Magari qualcosa che ti ruba poco benessere ogni volta - peggio ancora tutte le sere... In questo caso pratico: l'obiettivo è molto semplice senza compromettere troppo.

Quindi... Hai davanti a te alcune categorie, probabilmente gran parte continua la polemica. Scegli un'area che ritieni, una volta affrontata, possa offrire massimi risultati equilibrando laddove senti piccoli successi o maggior comfort nel breve tempo con **cambiamenti** gestibili.

E fidati, diverse cose ti cambieranno la vita... Ti ci vorrà tempo.

In conclusione

In questo capitolo hai trovato molte risorse **pratiche** che ti aiuteranno a **proteggere** i confini della tua persona, siano essi fisici, emotivi, mentali o di tempo ed energia. Ora che hai una comprensione più chiara delle diverse tipologie di **confini** e delle tecniche per mantenerli, sei pronto a fare il prossimo passo nella costruzione della tua **autonomia** e nel rispetto di te stesso.

Hai imparato l'importanza di avere uno **spazio** personale e dell'autonomia del proprio corpo. Ora sai come proteggere il tuo benessere mentale grazie ai confini emotivi e capisci la differenza tra avere **empatia** e lasciarsi sopraffare dalle emozioni altrui. Hai scoperto quanto sia fondamentale proteggere i tuoi pensieri e credenze dalle influenze esterne, e come risparmiare e gestire **tempo** ed energie evitando impegni eccessivi.

Ogni volta che senti che i tuoi confini vengono violati, ricorda ciò che hai appreso. Mettendo in pratica tutti questi insegnamenti, stai lavorando per proteggere quello che è realmente importante: la tua **serenità** e il rispetto verso te stesso. Agisci con sicurezza e senza paura, perché il tuo benessere dipende dalla tua capacità di mantenere questi confini vitali ogni singolo giorno.

Capitolo 5: Leggi dei Confini

Hai mai pensato a cosa succede quando **inciampi** nei tuoi stessi desideri o ti ritrovi appesantito dai problemi degli altri? Beh, in questo capitolo ci addentreremo in un mondo dove i **confini** non sono muri, ma campi fioriti che impari a curare con attenzione. Ho faticato tanto a mettere insieme tutto questo materiale, ma so che sarà un **sollievo** enorme per te. Passeremo attraverso i meccanismi dell'**azione** e della **reazione**. Imparerai cosa realmente hai il potere di **controllare** e quando è ora di lasciare andare. Non sai quante **porte** si apriranno per te trovando la tua strada, e in più avrai la mia guida lungo questo **percorso** stimolante. Sei pronto a scoprire?

La Legge della Semina e del Raccolto

Hai mai sentito dire che si **raccoglie** quello che si semina? Beh, questa legge non riguarda solo i campi o i giardini. Nella vita quotidiana, la stessa regola si applica alle nostre **azioni** e alle nostre scelte, specialmente quando parliamo di responsabilità e confini personali. Ti può sembrare una cosa ovvia, magari una semplice massima, ma c'è molto di più dietro a questa idea.

Prendiamo per esempio i **confini**. Stabilisci un confine perché senti il bisogno di proteggere il tuo spazio personale, le tue emozioni o semplicemente perché non vuoi essere sopraffatto da altre richieste. Ma qui c'è un punto chiave: se sei tu a piantare la semina, sei anche tu a raccoglierne i frutti. In altre parole, sei **responsabile** delle conseguenze delle tue scelte. Non è sempre facile accettare questo principio, lo so, ma è qui che entra in gioco la tua capacità di dire "no" di fronte alle situazioni che non ti stanno più bene.

Quando metti un confine, stai decidendo consapevolmente dove tracciare una linea. Ora, potresti chiederti: Cosa succede se le persone non rispettano quella linea? Ecco che la Legge della Semina e del Raccolto prende un'altra dimensione. Come dire, se qualcuno non rispetta il tuo spazio e tu continui a lasciarlo fare, quel qualcuno continuerà a comportarsi in quel modo. Ma se invece permetti che le **conseguenze** naturali accadano senza volerle "salvare", stai rafforzando quel confine... Talvolta, una reazione forte è l'unica lingua che alcune persone comprendono.

Questo non significa diventare vendicativo o egoista. Al contrario, significa assumersi la responsabilità per come gli altri interagiscono con te, creando un ciclo sano che favorisce rispetto reciproco. Stai permettendo alle conseguenze di fare "il loro" lavoro. Ad esempio, se qualcuno ti chiede in prestito soldi e non ti rimborsa mai, può essere tempo di dire un chiaro "basta" o semplicemente non dare più denaro. Loro... dovranno affrontare la realtà senza le tue riserve.

Ora che abbiamo visto come le conseguenze naturali possono rafforzare un confine, lascia che ti parli di un metodo pratico per vedere in anticipo i risultati delle tue decisioni – la **Mappatura delle Conseguenze**. È praticamente come fare un piccolo schema di come si svolgeranno le cose, se tu stabilisci un confine chiaro o meno. Visualizza cosa potrebbe accadere se continui a dire di sì a tutto, anche quando il tuo istinto ti dice "no".

Prendi un foglio e scrivi tre colonne. Nella prima, segnati quello che potrebbe succedere se non hai confini. Nella seconda, annota quelli che potrebbero essere i risultati a breve termine confermando che non vuoi dire sempre di sì. Infine, nella terza, immagina di aver rinforzato quel confine mese o anno dopo anno – le **relazioni** non risulteranno forse più equilibrate? In questo modo, puoi davvero vedere in modo tangibile come ognuna di queste scelte cresca e, alla fine, influenzi la tua vita. Qui sta la potenza della Mappatura delle Conseguenze... perché, quando concretamente disegni gli effetti delle **decisioni** che prendi ogni giorno, comprendi veramente quanto a lungo si possano estendere quelle linee che tracci dentro di te e nel mondo che ti circonda.

Quindi, la prossima volta che ti trovi a chiederti se sia il caso o meno di stabilire un confine, ricordati della Legge della Semina e del Raccolto. Perché ogni scelta che fai avrà una conseguenza, anche quelle piccole, che nemmeno immagini.

La Legge della Responsabilità

Fai un **respiro** profondo e considera per un momento cosa significa davvero prendersi la responsabilità di qualcosa. Che sia semplice o complicato, dall'andare a prendere il pane fino al risolvere un problema familiare. Prenderesi la responsabilità vuol dire prendersi cura, darti l'opportunità di gestire la situazione, ma soprattutto concederti il **potere** di farlo. Baby steps fino al successo, dico sempre.

Quando parliamo di **confini**, spesso pensiamo a qualcosa che dobbiamo proteggere dagli altri – tipo alzare muri – ma non è solo questo. I confini precisi li crei quando ti prendi la responsabilità della tua stessa vita. È una cosa potente, anzi esplosiva! Più ti assumi le tue responsabilità, più il potere di far rispettare i tuoi confini cresce. Pensa, ti basta dire: "questo è ciò di mia competenza" e modelli come vuoi essere trattato!

Per esempio, potresti dire no ad una richiesta scomoda, sapendo almeno da dove nasce quella turbina di oppressione che ti fa dire sempre di sì. Interessante, no? Ogni volta che eserciti questo potere, rafforzi i tuoi confini, fortificando il **rispetto** che nutri per te stesso e hai il giusto atteggiamento per aumentare il rispetto che anche gli altri hanno per i tuoi limiti.

Ecco ora entriamo nella distinzione semplice ma profonda tra responsabilità per se stessi e responsabilità per gli altri. Non sono la stessa cosa, neanche vicino! La responsabilità per se stessi significa che ti prendi in carico i tuoi comportamenti, i tuoi pensieri, le tue **emozioni**. In pratica, sei tu che scrivi lo scenario del tuo film e premi il pulsante play.

Ma ecco la trappola: certe volte ti autoriduci il potere, assumendo la responsabilità di ciò che dovrebbe essere sulle spalle degli altri. Dietro questa dinamica può esserci la preoccupazione di offendere qualcuno, o la paura che, in effetti, chi ti circonda non sia capace di "pulire il proprio giardino". Però, a pensarci bene, è come camminare con in spalla carichi immaginari. Più ti carichi, più sei stanco!

Come evitare questo? Imparare distinzioni chiare tra "cose tue" e "cose degli altri". È fondamentale avere presente quella sottile linea tra l'aiutare gli altri e il farti carico dei loro pesi. Certo, conviene lavorarci!

Ma andiamo avanti, e parliamo di un piccolo esercizio chiamato "Grafico della Responsabilità". E no, non serve un ingegnere per questo! Prendi carta e penna e disegna una tabella semplice con due colonne, l'etichetta per la colonna a sinistra è "Responsabilità Personale", e a destra scrivi "Responsabilità degli Altri". Inizia riempiendo la colonna di sinistra con tutto ciò che è di tuo dominio diretto come i tuoi **pensieri** o come gestisci il tuo tempo.

Poi riempi la colonna di destra aggiungendo tutto ciò che invece è sui loro piedi. Può sembrare una cosa piccola, ma questo esercizio rivela quanto tempo e **energie** disperdi su cosa e chi non fanno di tua completa responsabilità e quanto margine reale hai per mettere confini e recuperare tempo prezioso.

Quindi, in sintesi, la Legge della Responsabilità ti insegna che sapere dove fermarti, dove inizia e finisce la tua responsabilità, è la magia che ti permette di dire no senza sentirti in colpa e di sistemare la tua **vita** proprio come vuoi tu. Responsabilità – beh, può suonare piccola come parola, ma è davvero il segreto per scalare le montagne dei nostri confini. E così, iniziando a esercitare il **potere** personale con decisione, scopri che la paura potrebbe pure perder colpi!

La Legge del Potere

Hai mai pensato a quanto sia **importante** riconoscere il tuo potere personale per stabilire confini efficaci? Te lo dico io: è fondamentale. Quando sai di avere una certa influenza su ciò che ti circonda, ti senti più forte e sicuro nelle tue **decisioni**. Cominci a capire che i tuoi confini non sono solo delle semplici linee invisibili — sono un modo per esercitare il controllo sulla tua vita. Quando permetti a te stesso di accettare questo potere, inizi a notare che non tutti possono calpestare i tuoi spazi o invadere il tuo tempo. Sai cosa puoi fare e cosa no. E ti senti più libero.

Dar **potere** a te stesso è come accendere una luce in una stanza buia. Improvvisamente, tutto appare più chiaro. Non sei più bloccato nel "Non posso fare niente" o "Devo sempre dire sì". Scopri che puoi dire no, alzare un muro quando è necessario, tirare su una soglia che nessuno deve superare se tu non lo vuoi. Questo potere non si trova fuori, ma dentro di te. Ti dà **coraggio** e chiarezza mentale per prendere decisioni su ciò che vuoi e su ciò che non sei disposto a concedere.

Una delle chiavi per capire il nostro potere personale è il concetto di "locus of control". Si tratta, in parole povere, di una specie di bussola interna che ci indica fino a che punto possiamo controllare le situazioni della nostra vita. Ci sono due tipi di persone: chi crede che tutto ciò che accade dipenda da forze esterne e chi, al contrario, capisce che le proprie azioni influenzano il proprio destino.

Ecco come entra in gioco questo **concetto** in relazione ai confini: se pensi che tutte le tue decisioni siano il frutto di fattori esterni e che tu non abbia voce in capitolo, non stabilirai mai confini sicuri. Quest'idea è pericolosa perché ti fa sentire come se fossi alla mercé degli eventi — incapace di prendere in mano le redini. Ma, se rinforzi il tuo locus of control interno, inizi a vedere che molte cose sono nelle tue mani. Ti rendi conto che puoi decidere chi far entrare e chi lasciar fuori dalla tua vita, quanto tempo dedicare agli altri e quanto tenerne per te stesso.

Ora, come farai a riconoscere la tua area di potere? È qui che entra in gioco l'"**Inventario** del Potere". Prenditi un momento per fare una lista delle aree della tua vita dove senti di avere un certo grado di controllo. Potresti, ad esempio, avere il potere di prendere decisioni sul tuo lavoro, gestire il tuo tempo libero, o decidere come risolvere i conflitti. Scrivi tutto ciò che pensi di poter gestire liberamente. E, mentre lo fai, vedrai che c'è molto di più sotto il tuo controllo di quanto pensassi.

Questo esercizio non riguarda il darti l'illusione del controllo assoluto, ma il riconoscere e valutare dove hai davvero il potere di definire i tuoi limiti. Pensi di non avere questo potere? Aspetta di fare il tuo inventario. Riconsiderare questo aspetto della tua vita ti metterà in **sintonia** con te stesso e ti permetterà di affrontare le sfide con più consapevolezza.

In sintesi, man mano che ti rendi conto del controllo che hai su certi aspetti della tua vita, il tuo senso di potere interno cresce. Promuovere un locus of control interno e stilare un "Inventario del Potere" diventano due strumenti essenziali, quasi magici. Conoscere il tuo potere, rafforzarlo giorno dopo giorno, sarà quello che ti permetterà di costruire e mantenere **confini** più chiari, più sicuri e, alla fin fine, più rispettati.

La Legge del Rispetto

Quando si parla di **rispetto**, tutto parte da te. Il rispetto per te stesso è il primo passo per far sì che gli altri rispettino i tuoi **confini**. Se non rispetti ciò che sei, ciò che pensi, ciò che desideri... perché dovrebbero farlo gli altri? Sì, può sembrarti una banalità, ma è difficile vederla quando sei nel mezzo delle cose. Prova a fermarti un attimo e pensa: quando è stata l'ultima volta che hai detto "no" a qualcosa, perché, davvero, non volevi farlo? Quello è rispetto di sé.

Ora, immagina di voler fissare un limite—qualcosa su cui davvero non vuoi cedere. Se dentro di te credi davvero che questo limite è giusto, naturale, sacrosanto per così dire, chi ti è vicino noterà quella **convinzione**. E sai cosa succede? Rispettano quel tuo confine. È un po' come essere una roccia nel mare: le onde possono sbattere contro di te, ma non si aspettano mai di spazzare via la roccia. Così è con i tuoi confini. Non si tratta di essere rigido o di fare il duro, si tratta di sembrare e sentirti—solido, stabile, immutabile nel rispetto di ciò che sei.

Ma il rispetto non è una strada a senso unico. Tutte le **relazioni** sane richiedono che ci sia rispetto reciproco. Se il tuo amico, partner, collega non riconosce i tuoi confini... be', a un certo punto succede che tu finisci col non rispettare loro, vero? In ogni relazione, per quanto è importante stabilire il proprio spazio, è altrettanto vitale onorare quello altrui. Se tu rispetti i confini degli altri, risulterà anche più facile far sì che gli altri rispettino i tuoi. È come un gioco in cui, quando metti il tuo pezzo in campo, l'altro sa che deve fare movimenti onesti. Non si può barare senza rovinare il gioco di entrambi!

Ora, se sei d'accordo con tutto questo... forse ti starai chiedendo, "Come faccio a rafforzare questa **sicurezza** nel porre i miei confini e nel farli rispettare?" Qui entra in gioco la pratica che chiamo "**Affermazione** del Rispetto." Sì, afferma, dichiara, credici. Si tratta, ogni giorno, di prenderti del tempo per dire a te stesso che hai diritto al rispetto. Potrebbe sembrare un po' forzato all'inizio, lo so, ma ha il potere di trasformare la tua percezione di te stesso.

Ecco come funziona: Prenditi qualche minuto magari al mattino, e semplicemente ripeti una frase tipo "Merito rispetto. I miei confini sono importanti." Aggiusta un po' le parole se vuoi—ma l'essenziale è ripetere qualcosa che rafforzi ovunque la tua mente creda o accetti che i tuoi limiti vengano violati. E non stiamo parlando di magiche parole da **mantra**, ma di convincere davvero la tua mente, giorno dopo giorno, che quelle parole sono vere. Se te lo ripeti abbastanza, lo sentirai dentro di te, e lo trasmetterai al mondo fuori di te.

So che può richiedere una certa dose di **impegno**, ma pensa un attimo: se non rinforzi tu per primo questo concetto dentro di te, come puoi chiedere che qualcun altro lo faccia? In fin dei conti, ogni nostro limite è come un'ombra che diventa tangibile solo se la fonte della luce, ossia il nostro rispetto per noi stessi, è salda e forte.

Esercizio Pratico: Applicare le Leggi di Confine

Quando si tratta di mettere in pratica le leggi di **confine**, il primo passo è scegliere una **sfida** attuale nella tua vita in cui senti la necessità di stabilire limiti più chiari. Potrebbe essere una situazione con un collega invadente, un familiare troppo esigente, o un amico che chiede sempre troppo. Pensa a qualcosa che ti sta succhiando energie o sta influenzando troppo la tua serenità. Identificare questa sfida è cruciale perché dà il via all'intero processo e ti aiuta a concentrarti su un'area specifica della tua vita da migliorare.

Una volta scelta questa situazione, il passo successivo consiste nell'**analizzare** come ogni legge di confine si applica al tuo caso. Ogni legge porta con sé una sua saggezza, una lente attraverso cui puoi vedere chiaramente la tua sfida da un altro punto di vista. Inserisci i vari concetti nel contesto della tua situazione e rifletti su come possano chiarirti le idee—può essere illuminante. Ad esempio, potresti scoprire che la legge del rispetto reciproco è cruciale per il tuo problema, in quanto il rispetto viene a mancare nelle interazioni con quella specifica persona. Oppure che la legge della reciprocità ti aiuta a capire se i tuoi sforzi sono equamente ricambiati. Questo passaggio richiede un po' di onestà con te stesso e parecchia **autoconsapevolezza**—ma già qui inizi ad avere le idee più chiare.

Dopo aver analizzato come ogni legge si intreccia nella tua sfida, vengono le domande fondamentali: "Quale legge è la più rilevante per me in questo momento?" e "Quale può effettivamente fare la **differenza** qui?". La risposta sta nel considerare i principi circa i confini, confrontandoli con ciò che senti essere compromesso nella tua sfida. Questo punto è importante perché scegliendo la legge più rilevante, stai letteralmente tracciando la strada da seguire—quella piccola scintilla di riconoscimento ti guiderà durante tutto questo cammino. E non dimenticare che mentre scegli una legge specifica, potrebbe emergere una sorpresa—potresti renderti conto che quello che pensavi fosse il problema è in realtà qualcos'altro. Succede!

Scelta la legge più rilevante, ora è il momento di creare un **piano d'azione**. Sembra forse un po' solenne parlarne, specie in una situazione che riguarda più la tua vita personale, ma fare un piccolo schema di decisioni fa una grande differenza. Qui metti nero su bianco come intendi risolvere la situazione, basandoti su quella legge che hai appena deciso essere centrale. Potrebbe significare dire no con più fermezza, negoziare nuovi confini con un interlocutore specifico, o adottare nuovi modi di reagire alle richieste degli altri. Devo ammettere, non sarà sempre facile prendere in mano la situazione. Ma ti sentirai molto meglio dopo aver stilato una piccola lista di passi concreti e pratici—e sentirai di avere una strada da seguire.

L'ultimo passo, ma non il meno importante, è mettere in pratica il tuo piano e tenere un **diario** sui risultati. Qui è dove la teoria diventa realtà, dove passi dalle idee all'azione. Il diario è un metodo formidabile per tenere traccia di come cambiano le cose—è anche un modo efficace per riflettere e capire se le azioni che stai intraprendendo funzionano davvero oppure richiedono qualche aggiustamento. Scrivere regolarmente ciò che osservi, ciò che provi, e come reagisci, ti darà una mappa ancora più chiara su come continuare a migliorare la **gestione** dei tuoi confini. Non preoccuparti di essere formale—scrivi come se stessi parlando a te stesso o a un amico fidato, vedrai che ti sentirai più **orientato** giorno dopo giorno.

In Conclusione

Ogni giorno sei chiamato a **definire** i tuoi limiti, a tracciare linee che proteggano la tua salute e il tuo **benessere** emotivo. In questo capitolo, abbiamo esplorato le leggi fondamentali delle "frontiere" personali e come **applicarle** in modo efficace. Questi principi ti aiutano a vivere in modo più equilibrato e rispettoso, non solo verso te stesso ma anche nei confronti delle persone che ti circondano.

In questo capitolo hai visto come le **conseguenze** naturali rafforzino confini sani, quanto sia importante **assumere** la propria responsabilità, l'importanza nell'identificare le aree in cui puoi esercitare il tuo **potere**, la necessità di stabilire un rispetto reciproco nei rapporti con gli altri, e una tecnica pratica per identificare e affrontare sfide legate ai limiti personali.

Con il sapere che hai ora, sei nella posizione di diventare non solo più **consapevole** delle tue frontiere, ma anche di saperle difendere con grazia. Applicando questi insegnamenti, puoi prendere decisioni che rispettano i tuoi bisogni e promuovono relazioni più sincere e sane. Il passo successivo è fare di questi concetti una parte della tua quotidianità, così che tu possa vivere una vita **autentica** e rispettosa verso te stesso e gli altri.

Capitolo 6: L'Arte di Dire No

Hai mai sentito quel nodo allo stomaco quando qualcuno ti chiede un **favore**, e senti che dovresti dire "no," ma alla fine ti sfugge un "sì"? Anch'io ci sono passato. Ma immagina per un momento una vita in cui sai come **rifiutare** senza sensi di colpa e senza sentirti male. In questo capitolo, parlerò di quanto può essere **potente** quel semplice "no", e di come puoi usarlo per prendere il **controllo** della tua vita.

Imparerai quando è il caso di dire "no" con **sicurezza**, e vedremo insieme come affrontare chi cerca di farti cambiare idea. Infine, ci saranno alcuni **suggerimenti** pratici per esercitarti a dire "no" nella quotidianità, rendendoti sempre più **deciso**. Sei **curioso** di scoprire questo aspetto di te? Allora continuiamo...

Comprendere il Potere del No

Dire "no" è uno degli atti più semplici eppure più **significativi** che puoi compiere per proteggere i tuoi confini personali. Quando dici "no", stai disegnando una linea che separa ciò che è importante per te da ciò che potrebbe invadere il tuo spazio personale—fisico, emotivo o mentale. È come costruire una barriera invisibile che segna chiaramente dove finiscono i tuoi limiti e dove dovrebbero fermarsi gli altri. In pratica, stai ponendo dei **limiti** che segnalano valori e priorità, e indicano esattamente ciò che non sei disposto a compromettere.

Quando ti lasci sopraffare dal bisogno di dire "sì" per piacere agli altri o evitare **conflitti**, i tuoi confini possono diventare confusi o, peggio, schiacciati. Ciò non solo ti lascia con meno spazio per esserci per te stesso, ma ti mette anche sulla strada della **frustrazione**. Con il tempo, potresti addirittura dimenticare quali erano i tuoi veri valori in mezzo a tutte le richieste che hai acconsentito. Sapersi fermare e dire "no" salvaguarda, quindi, ciò che è essenziale per te. Ti consente di rimanere fedele a chi sei e a ciò che rappresenti.

Così come i confini diventano più nitidi al dire "no", anche il **rispetto** per te stesso inizia a fiorire. Non parlo solo del rispetto esterno, quello che vedrai negli occhi delle persone quando vedranno che non ti lascerai calpestare. Parlo anche di qualcosa di più profondo, intimo. Ogni volta che riesci a dire "no" con convinzione, stai praticando un atto di **coraggio** e autenticità. E, da lì, nasce un maggiore rispetto di sé.

Questo rispetto di sé può apparire quasi magicamente nella tua vita quotidiana. Ti svegli una mattina e, senza nemmeno rendertene conto, c'è una nuova sicurezza in te. Quella voce interiore che prima dubitava di ogni decisione inizia a zittirsi. Cominci a vivere più a tuo agio nei tuoi panni, senza sentirti costretto a conformarti o accontentare. Paradossalmente, diventando più chiaro riguardo ai tuoi limiti, diventano più autentici anche i tuoi "sì". La tua presenza nelle relazioni diventa più vera, perché sai che stai scegliendo in base a ciò che conta, non a ciò che ti sembra socialmente conveniente.

Per farla breve, c'è un immenso potere nel recuperare la tua voce quando si tratta di dire "no". Ma lo so, non è sempre facile. È qui che entra in campo la pratica—ché sì, dire "no" è qualcosa che puoi e dovresti **esercitare**.

Un buon modo per iniziare è quello che chiamo "Pratica del No". Trova un piccolo e semplice contesto in cui esercitarti a dire "no", magari qualcosa che non ha un grande impatto emotivo. Tipo quando un collega chiede se puoi coprire il suo turno, ma avevi già pianificato una serata di relax. Piuttosto che girarci intorno, semplicemente dillo: "Scusa, ma non posso." Sentirsi a disagio è normale all'inizio, ma più riesci a dire "no" in questi piccoli casi, più costruirai fiducia per affrontare i contesti più grandi e sfidanti.

Man mano che prendi confidenza, questa pratica si trasforma in uno strumento potente che puoi applicare quotidianamente. Lentamente, senza forzature, diventa una parte naturale di te, come fare un respiro profondo prima di uscire di casa. E quando il tuo "no" viene detto con sincerità, noterai che pian piano diventi più calmo, più centrato. La tua vita diventa meno affollata e gli spazi **importanti** ricevono più spazio per essere riempiti—tutto questo come risultato legittimo e unitario del tuo "no".

Superare il senso di colpa quando si dice di no

Hai mai provato quel piccolo **fastidio** dentro di te quando dici "no"? È come una vocina insistente che non smette di ripetere: "Forse dovresti dire sì, sembrerai più gentile." Beh, non sei solo. Il **senso di colpa** è qualcosa che ognuno di noi conosce molto bene. Ma da dove arriva questa sensazione?

Il senso di colpa spesso nasce dalle **aspettative** degli altri o dalle norme sociali tacite che ci insegnano sin da piccoli. Magari hai la sensazione che dire di no possa deludere o far arrabbiare chi ti sta chiedendo qualcosa. Oppure potresti pensare che dicendo no, rischierai di essere giudicato come egoista o poco disponibile. Insomma, ci sono tante idee che ti frullano nella testa ogni volta che ti trovi davanti a questa piccola parola, "no". Non aiuta il fatto che spesso associare il rifiuto a maleducazione o insensibilità è parte del bagaglio culturale o familiare.

Ma andiamo un po' più a fondo. C'è un senso di colpa sano: quello piccolino che funziona come un promemoria, ricordandoti di valutare bene le tue **decisioni**, di non diventare completamente autocentrico. Ed è utile diciamo, ti evita di diventare quel tipo di persona che si limita a dire "no" a destra e a manca, dimenticando di considerare le conseguenze. D'altra parte, il senso di colpa malsano è quello che invade la tua mente con dubbi insensati, che ti spinge a sacrificare te stesso per evitare qualsiasi tipo di attrito o confronto.

Banalmente, se stai dicendo sì a qualcosa quando in realtà vuoi dire no, è lì che il senso di colpa malsano ti ha afferrato. Questo tipo di senso di colpa può spingerti a fare cose che non vuoi davvero fare, e il risultato? Ti senti svuotato, forse un po' in trappola, e la tua **autostima** ne risente inevitabilmente.

Ora, sto per darti uno **strumento** tutto tuo perché tu possa contrastare questo scenario. Immagina: la prossima volta che ti trovi di fronte a una richiesta indesiderata, puoi usare il "No senza colpa." Questo è un modo tosto, ma gentile, per dire di no senza sentirti subito divorare dai sensi di colpa. Vuoi un esempio?

"Purtroppo, non posso farlo ora, ho altri impegni. Mi dispiace."

Facile, no? Spedito, semplice, senza fronzoli. Non c'è bisogno di esagerare con spiegazioni sconclusionate. No senza girarci troppo attorno. Ti assicuro che imparare a usare frasi come questa ti farà risparmiare molto **stress** inutile. E ogni volta che metti il "No senza colpa" in pratica, ti sentirai più leggero, meno condizionato dalle aspettative altrui.

Inizia subito. La prossima volta che senti che un 'no' sta per uscire ma il senso di colpa ti frena, puoi provare subito questa **strategia**. Più ti eserciti, più diventerà naturale… un riflesso di autodifesa che ti proteggerà e al contempo farà rispettare ciò che è veramente importante per te.

Tecniche per dire No in modo assertivo

Quando dici no, non sono solo le parole che contano—anche il **linguaggio** del corpo e il tono giocano un ruolo enorme. Perché, dai, puoi dire no con le parole più perfette, ma se il tuo viso tradisce esitazione, il messaggio perde forza. Infatti, il corpo parla spesso più forte delle parole. Ti sembra di stare mentendo o di non essere sicuro di quello che dici. E quello che passa è tutt'altro che convinto. Ecco perché è importante mantenere una **postura** sicura, piedi ben piantati a terra, testa alta e occhi fissi direttamente nell'interlocutore. Non stai solo dicendo no. Lo stai anche mostrando.

Sì, sembra banale, ma anche un semplice sguardo o movimenti come giocherellare con le mani parlano a volume altissimo. Se sei nervoso o insicuro, l'altra persona lo noterà, e a quel punto il tuo no suona debole. Per non parlare del **tono** di voce. Qui non c'è niente di più semplice. Non serve essere aggressivo o alzare la voce, ma devi mantenerla calma e ferma. Evita un tono che suona incertezza—quello che alla fine invita discussioni o tentativi da parte dell'altro di farti cambiare idea. Se vuoi che il tuo no sia rispettato, devi esprimerlo con **chiarezza** usando un tono senza esitazioni.

E parlando di chiarezza, ecco una cosa altrettanto importante: essere chiari e brevi. Troppo spesso si tende a dilungarsi con giustificazioni e dettagli inutili per paura di ferire qualcuno o sembrare sgarbati. Ma più parole usi per dire no, più spazio dai all'altra persona per convincerti del contrario. Basta pensare che ogni parola in più diventa un invito a discutere ulteriormente. Quindi, lascia da parte i fraintendimenti. Dì no e stop. Un solo concetto, una sola **affermazione**. Non tirarla troppo in lungo.

Oltretutto, la brevità ti aiuta a mantenere una certa neutralità. Un no breve non lascia spazio a emozioni forti o dubbi da parte di chi lo riceve. Anzi, l'altro lo percepisce come una decisione razionale, qualcosa con cui è difficile discutere o negoziare. Sembra quasi un trucco—quanto più breve è il no, tanto più viene considerato non solo serio ma definitivo. Un semplice "No" o al massimo "Grazie, ma non posso" può essere la tua arma segreta. È l'equivalente verbale di una chiusura sincera e l'eleganza di evitare **drammi**.

E per chi fatica a mantenere questa fermezza, la tecnica del "Disco Rotto" è pure un salvagente. È davvero così semplice: si ripete la stessa cosa, sempre uguale. Qualcuno cerca di convincerti, ma tu resti stabile, come un disco che si aggrappa a una sola sillaba, ripeti lo stesso no. Non servono aggiustamenti, niente parole nuove. Stai alla larga dalle argomentazioni. Più insistono, più tu ripeti il tuo **messaggio** invariato. Alla fine, l'altra persona si rende conto che non c'è spazio per il cambiamento. Funziona perché non hai concesso niente, nemmeno un piccolo spiraglio per un "forse" o un "vedremo".

Impegnati a dire sempre la stessa frase, devi mantenere la calma e la sicurezza—è quasi meditativo. Qualunque cosa accada, hai la stessa risposta pronta. Non si gira, non si cambia. Rimani **fermo**.

Gestire le Reazioni Negative Quando Si Dice No

Hai mai notato che quando dici "no" a qualcuno, spesso si scatena una sorta di **battaglia**? Non appena quelle due lettere escono dalla tua bocca, l'altra persona inizia a cercare tutte le strategie possibili per farti cambiare idea. Spesso, lo fanno senza neppure rendersene conto, semplicemente perché nessuno ama essere rifiutato. Ma quali sono queste tattiche e perché è così difficile resistervi?

Ci sono diversi trucchi che le persone usano per farti sentire come se dire "no" sia una pessima idea. Un classico è farti sentire in **colpa**: ti fanno credere che il tuo "no" li stia mettendo in una situazione veramente brutta, o che stai deludendo le loro aspettative. C'è poi chi cerca di sminuire il tuo "no". Tipo, "ma dai, davvero non puoi farlo? Non è mica una cosa così grave!" Così, ti ritrovi a ripensarci e a chiederti se stai esagerando. Altri invece cercano di insistere facendo **pressione**, bombardandoti con richieste costanti, sperando che la tua resistenza si dissolva come nebbia al sole. Insomma, ognuno ha il suo arsenale di mosse per farti dire "sì" alla fine.

Ma c'è un modo per non farsi risucchiare in questa spirale? Certo! Per capirlo meglio, dobbiamo parlare di un concetto molto interessante: il "**JADE**".

Il JADE è un acronimo che sta per Giustificare, Argomentare, Difendere, Spiegare. Quattro cose che—quando sei spinto da pressioni esterne per cambiare la tua posizione—sei tentato di fare. È normale, quasi automatico, sicuramente umano. Quando dici "no" e qualcuno comincia a ripeterti "Ma perché no?", senti subito il bisogno di spiegare il motivo, come se il "no", da solo, non fosse abbastanza. Magari ti trovi persino a difendere la tua scelta, o a buttarla su mille argomentazioni per far capire agli altri che hai ragione. Ma sai qual è il problema? Tutto questo finisce solo per farti apparire insicuro del tuo "no". Come se avessi qualcosa da dimostrare.

E qui entra in gioco un'altra strategia: la "**Prevenzione** delle Reazioni Negative". Si tratta semplicemente di sapere, in anticipo, che l'altro potrebbe cercare di usare il JADE contro di te, forse giusto per levarsi d'impiccio. Sapendo che qualcuno potrebbe tentare di farti sentire in colpa o minimizzare la tua decisione, puoi prepararti mentalmente. Un piccolo trucco è mantenere la **calma** e ripetere, tranquillamente ma fermamente, il "no". Non c'è bisogno di spiegazioni elaborate. Nessuno deve sapere tutte le tue ragioni per cui hai deciso così—una tua scelta è comunque una tua scelta e basta. Eviti le dovute spiegazioni e ti previeni dal rimanere incastrato nel gioco.

Ma come si fa a mettere tutto questo insieme senza far sembrare il tuo "no" ostile o freddo? Beh, è semplice: fai capire che comprendi la posizione dell'altra persona, magari offrendo una piccola **alternativa** che però rispecchia i tuoi limiti. Dici qualcosa come: "Capisco che può sembrare difficile da accettare, ma spero che tu capisca che in questo momento non posso accettare." Così, offri uno spazio sicuro per esprimerti senza far piegare le tue intenzioni.

Alla radice, sta tutto nel trovare l'**equilibrio**—sapere come dire "no" senza scendere a compromessi ma anche senza creare tensioni inutili.

Esercizio Pratico: Esercitarsi nelle Risposte Negative

Quante volte ti sei trovato in **situazioni** dove il solo pensiero di dire "no" ti ha fatto salire un po' di ansia? Non sei il solo. C'è chi dice che dire "no" è un'arte. E come tutte le arti, richiede **pratica**. L'esercizio di oggi è proprio su questo: imparare a dire "no" in modo deciso, ma con empatia, e sentirti bene nel farlo.

Per iniziare, **immagina** cinque situazioni comuni che incontri ogni tanto, dove fai fatica a dire "no." Potrebbe essere un invito a un evento che proprio non ti va di frequentare. Oppure potrebbe essere una richiesta di lavoro extra, "possiamo fare veloce," quando sai che non è affatto veloce. Magari qualcuno che ti chiede soldi in prestito, ma già sai che sarà difficile riaverli indietro. O forse la solita richiesta di aiutare con un trasloco... di nuovo. Decidere quali sono i tuoi **limiti** e riconoscere queste situazioni è il primo passo. Fermati e pensa a quali di queste situazioni rientrano nel classico "ah, non posso dire di no, però non voglio."

Dopo aver identificato questi momenti critici, comincia a chiederti: come puoi dire di no, senza troppe scuse o giri di parole?

Ora che hai elencato le cinque situazioni, è ora di scrivere una **risposta** chiara e concisa per ciascuna. In questa fase, l'obiettivo non è cercare di essere raffinato o perfetto, ma dire semplicemente "no" senza mezzi termini. Per esempio, se il tuo capo ti chiede di lavorare nel weekend, potresti dire: "Mi dispiace, ho già un impegno e non posso farlo." Semplice e diretto. Risposta educata e, soprattutto, senza bisogno di sentirti in colpa. O quando ti invita alla festa di compleanno proprio a quindici minuti prima che inizi, persino chi è ospitale direbbe: "Grazie, apprezzo l'invito, ma oggi non posso raggiungerti." L'idea qui è restare assertivo pur mantenendo il rispetto reciproco. Niente preamboli, niente giustificazioni infinite. Il linguaggio semplice che viene dal cuore.

Ecco che arriva la transizione importante: potrai mai dire davvero queste cose senza cadere in mille sensi di colpa?

Assolutamente sì. Ma solo se lo pratichi. Chiuditi in **stanza**, guardati allo specchio e comincia a dire queste risposte ad alta voce. Concentrati, non solo sulle parole, ma anche sul tono. Deve essere un no fermo, ma non freddo. E le braccia, non incrociarle come se fossi fermamente chiuso. Prova a lasciare le mani rilassate ai lati, o magari una di loro diretta dolcemente verso il tuo ipotetico interlocutore. Vedrai che con la pratica, ogni no ti verrà con più naturalezza e senza aggiungere frustrazioni al momento. Il tono deve essere amichevole ma diretto, niente soggezioni o incertezze. Dopo un po', sentirai una nuova sicurezza in te stesso.

Ora va bene sentirti a tuo agio con lo specchio, ma tutto si fa più realistico con un partner, no?

Se possibile, trova un **amico** e accordati per fare una simulazione insieme. Diglielo prima, spiegagli il concetto, e chiedigli di metterti un po' sotto pressione per vedere come gestisci la risposta. Scherzateci pure un po' sopra se questo vi aiuta a rompere la tensione, ma alla fine l'importante è imparare dai tentativi. Dici "no" e ti abitui alla sensazione di farlo. Poi potrebbe inserirci qualche possibile obiezione del tipo "ma sei proprio sicuro di non venire?" Allenati a mantenere la tua posizione, anche quando potrebbero spuntare alternative... Convincere sta al loro lato del tavolo, non al tuo.

Osservando il filo che ci porta all'ultimo scoglio, giungiamo alla riflessione finale: come ti è sembrato questo panico da "noomica"?

Alla fin fine, **riflettere** è il passo chiave. Dopo tutte queste prove di voce, tono e simulazioni... prenditi un momento per cercare di capire come ti sei sentito durante l'esercizio. Alcuni "no" risuonavano davvero bene? Altri, forse, ti hanno lasciato un po' indeciso? Puoi seriamente rivedere una o due risposte, modificarle per renderle più "tue". Questo è il bello senz'altro: aggiusta il tiro, perché il "no" sarà tuo e sentirai alla fine che non si tratta solo di parole, ma di un pieno sì... sì alla tua libertà di scelta.

Esercitarsi significa adattarsi, crescere nella capacità di definire meglio i nostri confini. Poco alla volta, migliorerai assuramente, abilità dopo abilità. E alla fine di tutto, guarderai indietro e realizzerai che dire "no," è forse la forza più autentica e liberatoria che avrai mai potuto sviluppare nella tua vita.

In Conclusione

Questo capitolo ha trattato l'**importanza** di dire "no" in modo efficace, rispettando i tuoi limiti e valorizzando la tua autenticità. Saper dire "no" non è solo un atto di protezione personale, ma una vera e propria **dichiarazione** di rispetto verso te stesso. Anche se può sembrare difficile, imparare a dire "no" può **trasformare** radicalmente come vieni percepito e come percepisci te stesso, alleviando il peso della colpa e promuovendo interazioni più oneste e rispettose.

In questo capitolo hai visto:

• L'importanza di dire "no" per proteggere i tuoi **confini** personali.

• Come l'abilità di dire "no" aumenti l'**autenticità** e il rispetto di te stesso.

• Strategie semplici e immediate per sentirti più sicuro nel rifiutare offerte o richieste.

• **Tecniche** per dire "no" in modo chiaro e al contempo fermo.

• Come affrontare con serenità le obiezioni o la **resistenza** degli altri quando dici "no".

Pensa a queste lezioni come **strumenti** da cui non separarti più. Mi raccomando, applica ciò che hai imparato: è così che puoi crearti un ambiente sereno, ricamato su misura per il tuo **benessere** e quello delle relazioni che ti circondano.

Capitolo 7: Stabilire Limiti Chiari

Hai mai provato quella **frustrazione** di sentirti sempre un po' oltre i tuoi limiti? Eh, l'ho provata anch'io. Ma ti prometto, affrontare questa **sfida** ti darà un senso di **controllo** che forse ti è mancato finora. In questo capitolo, ci liberiamo dalle situazioni in cui gli altri si aspettano sempre un po' troppo da te—e non perché loro siano "cattivi" o tu debba "cambiare".

Mentre leggi, ti guiderò attraverso piccoli **passi**. Passi che possono, piano piano, modificare il modo in cui tracci quelle linee invisibili che separano ciò che è giusto per te da ciò che non lo è. Non è sempre facile, certo. A volte bastano parole semplici. Altre volte, serve la **determinazione** giusta per non farti spingere oltre quel segno tracciato nella sabbia.

Non vedo l'ora che tu riesca a dire "questo è il mio **limite**" con **sicurezza**... Dai, continua a leggere!

Definire i Propri Limiti Personali

Capire dove tracciare i limiti inizia con una cosa semplice ma **fondamentale**: la **riflessione** personale. Hai davvero bisogno di prenderti un po' di tempo per te stesso e chiederti dove stai mettendo i tuoi confini. Chiediti, cosa ti fa sentire a disagio? Cosa ti provoca quella sensazione spiacevole di sovraccarico? Riflettere ti permette di capire meglio cosa ti dà **energia** e cosa ti consuma. È come fare una pulizia nella mente e mettere ordine tra i "sì" e i "no" della tua vita. Ogni limite inizia con un pensiero, con una sensazione. Non è sempre facile rendersene conto, ma una volta che ci hai preso mano, diventa tutto un po' più chiaro. Quindi sì, la riflessione personale è il primissimo passo. Potremmo chiamarlo l'inizio di tutto.

Ma i limiti non si formano nel vuoto. Sono strettamente legati ai tuoi **valori** e alle tue priorità. È qui che il quadro diventa un po' più personale. Perché, sai, non tutti hanno le stesse priorità. C'è chi mette la famiglia davanti a tutto, chi è più concentrato sul lavoro o sulla crescita personale. Gli uomini che sanno esattamente quali sono i loro valori tendono a essere più sicuri nel fissare i loro limiti. E quindi? Ad esempio, se valorizzi particolarmente la serenità, ti sarà più facile dire no a qualsiasi cosa possa tramutarsi in una causa di **stress**. Ti rendi conto? Le tue scelte divengono più consapevoli, meno impulsive. È quasi un riflesso naturale basato su ciò che hai già deciso conta di più per te. Più conosci i tuoi valori, più i limiti divengono come una naturale estensione di chi sei.

Ricapitolando, hai riflettuto e capito cosa per te è importante. Ma come rendere tutto questo pratico? Bene, parliamo della linea del **limite**. Non preoccuparti, non è nulla di troppo complicato. L'idea è quella di disegnare, anche solo mentalmente, una linea immaginaria che separa ciò che accetti da ciò che non accetti. Prova a per un attimo chiudere gli occhi e immagina questa linea. Da un lato, metti le cose che sei disposto ad accettare, dall'altra tutte quelle che vanno contro i tuoi valori e la tua personalità. Un po' come dividere la spazzatura dal riciclabile. Questa **visualizzazione** può essere davvero utile quando hai a che fare con situazioni complicate o persone che tendono a non rispettare i tuoi confini. Ti è mai capitato? Ti dà la possibilità di essere più deciso, senza troppi dubbi a farti vacillare. Effettuando quest'esercizio, vedrai che sarà molto più chiaro capire dove e quando dire "Stop" o "Vada per questa volta."

Definire i propri limiti personali può sembrare complicato, ma con un po' di riflessione, **consapevolezza** dei propri valori e qualche esercizio pratico come la linea del limite, tutto inizia ad avere più definizione. In fondo è una questione di **auto-conoscenza** e di saper dire quello che vuoi davvero, un passo alla volta.

Comunicare i tuoi limiti in modo efficace

Parlare chiaramente dei propri limiti non è **semplicissimo**, vero? Ma farlo è davvero fondamentale per costruire delle relazioni sane e rispettose. La chiave sta proprio nell'essere **chiari** e assertivi. Essere chiari vuol dire essere diretti senza essere offensivi - insomma, una di quelle famose mezze strade che però funzionano davvero, se percorse bene. Non serve girare intorno: se devi dire no, dici no. Con calma e sicurezza. In pratica, si tratta di far capire agli altri dove inizia il tuo spazio personale e dove hai bisogno che finisca quello degli altri.

Pensa che si tratta quasi di mettere un cartello che dice: "Qui è la mia zona". Chiarire ciò che vuoi o non vuoi dev'essere semplice e immediato da capire. Effettivamente, puoi allenarti ad essere diretto, visualizzando ogni situazione e pensando a cosa è veramente importante per te. Riuscire a dire le cose come stanno, senza sfuggire o scusarti troppo, ti permette non solo di essere compreso meglio, ma anche di rispettare te stesso e di insegnare agli altri a fare lo stesso.

E quando parli dei tuoi limiti, avere delle "frasi pronte" può fare davvero la differenza. Qui entrano in gioco le **affermazioni** in prima persona. Sono come piccole ancore; dicono chiaramente che sei tu al timone di ciò che stai dicendo. L'uso dell'"Io" mentre esprimi i tuoi limiti serve proprio a far capire a chi ti ascolta che quella è una tua necessità personale, non una critica né un'accusa nei suoi confronti. In sostanza, sottointende "Non è un problema tuo, ma mio".

Per esempio, se dici: "Io mi sento a disagio quando succede una determinata cosa", di fatto muovi il baricentro su di te e sulla tua esperienza. Così fai capire che non è una questione di voler comandare o imporsi, ma solo di affermare come stanno le cose per te personalmente. Le persone che ti ascoltano riconoscono che è il tuo punto di vista e, spesso, rispondono con maggiore comprensione e rispetto.

Ora, installa nella tua mente una specie di kit portatile che chiamiamo "**Boundary Script**" – in Italia non siamo abituati a chiamare così qualcosa, ma rende l'idea. Si tratta di un modello semplice e preciso che può servire per ogni occasione in cui devi chiarire i tuoi limiti, e dovresti imparare a usarlo per ogni evenienza. Te lo spiego al volo...

Il modello "Boundary Script" è chiaro e, soprattutto, **protettivo**. Parte così: "Quando succede questo, io mi sento in questo modo, perciò preferirei che evitassi di farlo." Ecco, visto? Inizi identificando il problema (quando succede questo), poi esponi sinceramente il tuo sentimento (io mi sento...) e concludi suggerendo chiaramente un comportamento alternativo (preferirei che...). È lo schema perfetto.

Ti faccio un esempio. Se un collega insiste per assegnarti lavori che non rientrano nei tuoi compiti, puoi usare questo script: "Quando mi chiedi di fare queste cose extra, mi sento un po' sotto **pressione**, perciò preferirei che mi lasciassi gestire altri incarichi." Chiaro, no? Si tratta di comunicare non solo limiti, ma proposte costruttive su come interagire in un modo che ti permetta di stare meglio.

Non dimenticare – insomma ricorda di farlo brillantemente (anche senza esser impeccabile) – che a volte serve aggiungere un sorriso per far passare meglio il **messaggio**. Questo modello, assegnando all'"Io" il giusto peso e articolandoti con sicurezza, ti consente davvero di prendere il comando della situazione, proteggendo il tuo spazio vitale e migliorando il rapporto con chi ti sta intorno.

Imporre i Tuoi Confini in Modo Coerente

Imporre i tuoi confini richiede **costanza**. Non puoi aspettarti che gli altri rispettino i tuoi limiti se non lo fai tu per primo. Ma non si tratta solo di mettere i piedi per terra per un po' e poi lasciar perdere. No, la chiave è proprio nella **coerenza**. Ogni volta che mantieni saldo il tuo limite, stai rinforzando quello spazio sicuro che hai creato per te stesso. Le persone rispondono a questo comportamento. Perché? Perché capiscono che ci tieni davvero, che i tuoi confini non sono flessibili. Sono veri, autentici. E così diventi qualcuno di affidabile, uno al quale sanno che devono portare rispetto.

Tuttavia, essere coerente non è sempre una passeggiata, lo capisco. Ma pensa a ciò che stai cercando di ottenere. Un piccolo sforzo ripetuto finisce per amplificare l'effetto. È come costruire una casa un mattone alla volta. Ogni limite imposto, ogni "no" che dici con fermezza, aggiunge un altro strato alla struttura solida dei tuoi confini personali. Vedrai che alla lunga, il rispetto per quei limiti sarà incrollabile. È come se stessi disegnando una mappa. Una mappa che altri useranno per capire i percorsi che sono aperti e quelli che non lo sono.

Ma i confini non sono mai buoni solo sulla carta. C'è un elemento ancora più importante dietro queste barriere: l'**integrità**.

Ora, parliamo di "integrità dei confini." Cosa significa veramente? Non è una parola complicata, è semplice in realtà. Quando parliamo di integrità in questo senso, ci riferiamo alla capacità di mantenere quello che dici, di rimanere fedele ai confini che hai stabilito. E sì, è più facile a dirsi che a farsi, lo so. A volte chiudi un occhio su una piccola trasgressione... Magari concedi una deroga, pensando che non sia nulla di grave, vero? Ma pensaci bene: ogni volta che ignori una violazione, stai erodendo la solidità di quel confine. Facendolo, indebolisci l'idea che le persone si sono fatte di ciò che per te è importante.

Trovi difficile far rispettare i tuoi confini perché la gente non ti prende sul serio? È un circolo vizioso. Senza integrità dei confini, perdi piano piano credibilità. Come risultato a lungo termine, raggiungere quel punto in cui chi ti circonda sa esattamente dove stanno i tuoi limiti e sa anche che non transigerai su di essi, diventa più difficile.

Per fortuna, c'è un piano di applicazione — semplice, non complicato — che può aiutarti a mantenere questi limiti nel tempo. Riserva uno specifico **spazio mentale** ogni giorno per riconsiderare quali sono per te i punti irrinunciabili. Fai un elenco, non devi renderlo complicato, delle cose importanti affinché tu possa rimanere ben centrato su ciò su cui non sei disposto a negoziare. Ogni volta che una tua decisione non le rispetta, rilevala e correggila subito. Fidati: uno sguardo rapido giornaliero su dove sei rimasto coerente e dove potresti esserlo di più...

Non è questione di essere implacabile con gli altri o miserabile, l'idea è di proteggere ciò che ti rende **felice**, al sicuro, tranquillo.

Perché è tutto collegato. Mantenere l'integrità dei tuoi confini rende più facile mantenerli nel tempo, come abbiamo detto. E questo, a sua volta, rafforza il **rispetto**. Chiara questa dinamica? Allora benvenuto al momento in cui capisci veramente chi sei e cosa vuoi dalla vita.

Affrontare chi Sfida i Limiti

Incontrare persone che sfidano i tuoi **limiti** è... inevitabile. Soprattutto quando inizi a definire chiaramente ciò che vuoi e ciò che non vuoi. Queste persone sembrano avere una sorta di radar che riesce a captare i tuoi confini per sfidarli. Usano trucchetti per spingerti a cedere. Quindi, quali sono queste tattiche comuni?

Alcuni cercheranno di farti sentire in **colpa**. Ti guarderanno con occhioni tristi, sospirando pesantemente per farti credere che hai fatto qualcosa di sbagliato. Magari ti diranno frasi come "Ma davvero non vuoi aiutarmi?" o "Pensavo fossimo amici..." Questa è una manovra classica, usata per far leva sui tuoi sentimenti e sul senso di colpa. Sì, quella pesante sensazione nel petto che ti spinge a dire di sì, a fare quel piccolo favorino che avevi chiaramente detto di non voler fare.

Altri invece usano la **manipolazione** emotiva. Sanno quale bottone premere per provocare una reazione, per farti cedere. Per esempio, una persona potrebbe iniziare a discutere con te e poi all'improvviso... inizia a piangere. Ti senti sopraffatto dall'emotività e, per far cessare quel momento imbarazzante, potresti dire di sì. Bam! Limite superato. Occhio a questa tattica.

E poi ci sono quelli che useranno la **persistenza**—sia testarda sia noiosa—contro di te. Continuamente ti chiederanno la stessa cosa più volte, girando il coltello nella piaga, fino a quando sarai al punto di dirgli sì solo per farli smettere. È come un martello che batte continuamente su un chiodo, martella e martella finché il chiodo non cede.

Perciò, come affronti tutto questo mantenendo la **calma**? Non venire scosso è cruciale—so che può sembrare difficile, ma dico sul serio. Perché, quando reagisci in modo eccessivo, diventi più vulnerabile. Quelle persone lo capiscono e sfruttano la tua emotività, portandoti fuori strada e facendoti perdere il tuo potere.

Di fronte a queste aggressioni non mostrare nervosismo—perché ci saranno, te lo garantisco. Chi sfida i confini spesso intensifica la situazione quando si rende conto che non stai cedendo. Il punto è rimanere saldo, ma, amico mio, anche tranquillo. Pensa a un albero che non balza al vento, radicato nel suolo e indifferente alla tempesta che lo circonda. Non reagire con rabbia o turbamento—non serve. Anzi, rischi solo di inasprire la situazione. Meglio mantenere quel tono calmo anche se dentro di te vorresti esplodere. Resisti—non fare il loro gioco.

Un buon trucco per rimanere saldo e calmo di fronte alla pressione è una tecnica che chiamo "**Disco Rotto**". Pensa a un vecchio disco che si inceppa e ripete sempre la stessa melodia. Lo stesso concetto funziona qui. Tieni sempre la stessa risposta, sia che ti ripetano la domanda sia che ti attacchino da diverse angolazioni. Immagina di avere una sola frase da offrire, qualunque nuova provocazione venga lanciata—e senza tanti giri di parole, ripeti, ripeti, ripeti. Dopo un po', chi proverà a sfidare i tuoi limiti potrebbe finalmente stancarsi. È il tuo limite che devi difendere, non quello degli altri—

È vero, c'è chi insisterà, chi proverà a farti argomentare, ma non cedere. Frasi come "L'ho già detto" oppure "Capisco, ma non posso" possono fare la differenza. Questa semplice ripetizione non lascia spazio a manipolazioni vicine alla porta, e nemmeno ti consuma energie come una discussione lunga. Alla fine, è un gioco di **resistenza**—chi si stanca per primo? Non cedere.

Ecco il punto—definire limiti non basta. Proteggerli, mantenerli e difenderli contro chi prova a infrangerli comporta fatica. Ma più pratichi, più diventi efficiente nel trattare con certe persone. Trovare la forza interiore per dire con calma "No, grazie" anche se sembra arduo, ti darà un'incredibile sensazione di controllo su te stesso e la tua vita. **Testarda gentilezza**—una combinazione invincibile.

Esercizio pratico: Creare la tua dichiarazione di confini

Quando si tratta di stabilire dei **confini**, il primo passo è capire quale specifico limite vuoi fissare. Magari c'è una situazione in cui ti senti costantemente oltrepassato oppure qualcuno si intromette troppo, togliendoti spazio per te stesso - qualunque sia il caso, deve essere chiaro nella tua mente. Facciamo un esempio: potrebbe trattarsi di quel collega che continua a chiederti favori dopo l'orario di lavoro. Sai che questo supera i tuoi limiti, ma finora non hai trovato il modo di affrontarlo. Bene, questo è il momento di definire chiaramente quel confine specifico.

Una volta identificato il confine, si passa al passo successivo: è essenziale riconoscere perché questo limite è così importante per te. Questo è il passo più **critico** di tutti. Ti permette di solidificare nella tua mente le motivazioni, rendendoti più deciso quando verrà il momento di dichiarare il tuo confine. Forse mantenere questo spazio personale è essenziale per il tuo benessere, o magari semplicemente hai bisogno di un equilibrio tra vita lavorativa e personale. Scrivi i motivi - non servono lunghi discorsi. Frasi brevi e dirette come "Gestire questo tempo è cruciale per la mia serenità" possono bastare. In fondo, conoscendo bene i tuoi motivi, sarai meglio equipaggiato a difenderli.

Passiamo al passo successivo. Una volta chiarito il confine e definiti i tuoi motivi, arriva il momento di creare una frase che rappresenti questi pensieri e motivi in maniera chiara, senza fronzoli. Deve esprimere esattamente quale **confine** stai stabilendo e perché. Una dichiarazione come "Preferisco non lavorare dopo l'orario d'ufficio per motivi personali" racchiude tutto ciò di cui hai bisogno. È breve ma diretta, permette di capire subito le tue intenzioni. Ricorda che questa dichiarazione dovrebbe essere facile da memorizzare e ripetere.

A proposito di ripetere, ecco il punto successivo - devi **praticare** la tua dichiarazione, ma ad alta voce. È fondamentale, altrimenti rischi che le parole ti escano balbettando o in maniera insicura quando sarà il momento di usarle davvero. Trova un posto tranquillo, respira profondamente e ripeti la frase ad alta voce. Concentrati sull'intonazione della tua voce ed evita di essere troppo morbido o troppo severo. Occhi dritti avanti, spalle aperte, senza incrociare le braccia - il **linguaggio del corpo** gioca un ruolo cruciale qui, complementare al tono, rafforzando le tue parole. Esercitati finché non senti che suona naturale e sicuro.

A questo punto, come ultima fase, simuliamo i possibili **scenari**. Potrebbero esserci risposte diverse dalla persona a cui stai imponendo il confine - potrebbe contestarlo, interpretarlo male, o addirittura cercare di ignorarlo. Fai finta di essere in conversazione con quell'altra persona, rispondendo ad eventuali obiezioni. Questo serve anche a rafforzare la tua linea, non farti prendere alla sprovvista e non vacillare quando rispondi. Integra queste risposte alla fine della tua preparazione. Un piccolo teatro mentale.

Assicurati che non sia un **esperimento** isolato - usa questa parte del processo per consolidare davvero il confine che hai fissato. Non è importante solo dichiararlo... ma mantenerlo saldo contro qualunque **resistenza**.

In Conclusione

Hai esplorato quanto sia **fondamentale** definire e difendere i tuoi limiti personali, perché servono a proteggere il tuo stato emotivo, fisico e mentale. Questo capitolo ti ha fornito **strategie** pratiche e dirette per riconoscere e comunicare efficacemente le tue barriere personali. Ecco alcuni punti chiave da tenere sempre a mente:

• L'importanza di riflettere su te stesso per **identificare** i tuoi limiti.

• Come i tuoi valori e priorità personali guidano le **decisioni** su quando stabilire un limite.

• Quanto sia utile esercitarti visivamente per comprendere meglio i tuoi confini, come con l'esercizio "Limit Line".

• La differenza che fanno le **affermazioni** chiare e assertive nel comunicare i tuoi confini.

• La **consistenza** con la quale devi mantenere i tuoi limiti per farli rispettare dagli altri.

Sfruttare quanto hai appreso in questo capitolo ti aiuterà a **proteggere** il tuo spazio, rispettare il tuo tempo e vivere con maggiore serenità. Mettere in **pratica** subito questi concetti può fare la differenza: i tuoi limiti sono preziosi, preservali con fiducia e fermezza.

Capitolo 8: Costruire il Rispetto Reciproco

Ti sei mai chiesto come potrebbe **cambiare** la tua vita se riuscissi veramente a stabilire **confini** che gli altri rispettano? Beh, ti capisco. Anch'io ho affrontato **sfide** nel costruire rapporti basati sul rispetto reciproco, e se c'è una cosa che ho imparato lungo la strada, è che tutto inizia proprio dai confini. In questo capitolo, ti accompagno lungo un **percorso** che smonta la complessità di mantenere quel sottile **equilibrio** tra difendere i tuoi confini e rispettare quelli altrui. Perché, fidati, non è una cosa facile. Anzi, a volte può sembrare quasi impossibile mettere insieme tutti i pezzi!

Ma non preoccuparti, in effetti c'è tanta **soddisfazione** quando piano piano tutto comincia a incastrarsi alla perfezione. Andremo mano nella mano, esaminando anche **esercizi** pratici pensati per farti interiorizzare questi concetti nel profondo. Sei pronto per fare il prossimo passo? Allora, **iniziamo**...

Il Legame tra Confini e Rispetto

Immagina uno **spazio** tutto tuo. Un luogo in cui puoi decidere cosa entra e cosa resta fuori. Questo è, in un certo senso, il ruolo dei **confini**: creare un terreno sicuro e protetto nelle relazioni. Quando i tuoi limiti sono chiaramente definiti, gli altri imparano a rispettarli. Non si tratta solo di protezione; si tratta di rispetto. Infatti, stabilire confini fermi comunica una cosa molto chiara che non hai nemmeno bisogno di dire: "Questo ha valore per me, ed è importante che anche tu lo rispetti." Ma non solo gli altri imparano cos'è importante per te, imparano anche a rispettarti di più proprio perché capiscono quanto tu rispetti te stesso.

Quindi, quanto più chiari sono i tuoi confini, tanto più chiari diventano anche i **rapporti**. Infatti, se non sai neanche tu dove stanno i tuoi limiti, come speri che lo facciano gli altri? Il risultato? Situazioni ambigue che alla fine portano solo a fraintendimenti... oppure a delusioni. Quando stabilisci confini precisi, dai agli altri una mappa chiara su come trattarti. E questa mappa è fondamentale quando parliamo di rispetto reciproco. Evita malintesi e conflitti inutili proprio come indicare chiaramente dove deve passare la linea.

C'è un legame forte tra confini e rispetto. Fin dall'inizio, confini chiari fanno nascere il rispetto in una **relazione**, che si tratti di amicizia, famiglia o lavoro. Rispetto che, una volta seminato, si nutre e cresce in modo naturale ogni volta che scegli di mantenere quei limiti. In questo modo, non solo stai prendendo una posizione riguardo ai tuoi bisogni, ma stai insegnando agli altri a fare lo stesso con i propri.

Poco a poco, questo porta a un'altra verità importante: la tua capacità di rispettare i confini altrui è strettamente collegata alla tua **autostima**. Faccio un esempio... Quando ti vuoi abbastanza bene, non ti senti minacciato dai limiti degli altri. Non hai bisogno di oltrepassarli perché ti senti già sicuro di chi sei. E questo ti permette di fare lo stesso con gli altri.

Ma se ti manca questa fiducia in te stesso, potresti iniziare a calpestare i margini delle persone a te vicine. Magari ti senti incastrato in situazioni in cui sei costretto a mettere da parte i tuoi bisogni o a farti invadere da richieste che nemmeno ti appartengono. Prova a chiederti: "Sono così insicuro di me stesso che non riesco a rispettare gli altri?" Molto spesso, la risposta è sì.

In particolare, è difficile rispettare il "no" di qualcuno se vivi nel timore costante di essere rifiutato o, ancor peggio, di non essere all'altezza. Ma una buona autostima cambia tutto. Ti libera, ti permette di accettare e rispettare i confini altrui come se fossero naturali. Tutto ciò perché non devi più dimostrare nulla, né a te, né a nessun altro.

Per passare alla pratica, ti propongo un semplice esercizio: la "**Riflessione** sul Rispetto". Prenditi cinque minuti e pensa a una situazione recente dove qualcuno ha messo un limite e tu l'hai rispettato, o viceversa. Chiediti: come mi sono sentito? E ancora più importante, sono riuscito a conciliare quell'atto con la mia autostima? Questo tipo di riflessione ti aiuterà a capire meglio i tuoi confini e a evitare di invadere quelli degli altri.

In fin dei conti, costruire rispetto reciproco significa lavorare su come creiamo e proteggiamo gli **spazi personali** - sia nostri che altrui. Un passo alla volta, impareremo quanto siano potenti queste scelte semplici nelle nostre relazioni quotidiane.

Rispettare i Confini degli Altri

Non **sottovalutare** mai quanto sia importante saper riconoscere i segnali che indicano confini sani negli altri. È come quando incontri qualcuno che non ha problemi a dire "no" o che riesce a esprimere le proprie esigenze senza sentirsi in difetto. Queste persone hanno interiorizzato il concetto di rispetto reciproco – questa è la loro **bussola**. Quando qualcuno è chiaro su cosa vuole e cosa non vuole, non solo semplifica la condivisione, ma rende anche le relazioni molto più solide e sincere. Puoi essere veramente spontaneo e sincero con loro, perché non devi mai preoccuparti di oltrepassare un confine invisibile senza essere avvisato.

Questi indicatori di confini sani rendono la **comunicazione** più fluida perché trasmettono un senso di sicurezza sia a te che a chi hai di fronte. Quando le persone hanno dei confini chiari, ti senti libero di essere te stesso senza mettere a rischio il loro spazio emotivo o fisico. Non devi camminare sulle uova. Sei autorizzato a fidarti, perché lo spazio condiviso è netto, ordinato e sicuro. È un invito a costruire rispetto reciproco basato sulla **trasparenza**.

E come passare dalla teoria alla pratica? Senza parlare di aspettare l'altro passo, parliamo di agire direttamente. Cambiando un po' le cose, il rispetto dei confini può iniziare sempre chiedendo il **consenso**. Se c'è anche solo un minimo rischio di varcare i confini di qualcun altro, fare una pausa e cercare un parere è essenziale. Senza consenso, persino le migliori intenzioni si possono fraintendere e una chiacchierata amichevole può diventare una fonte di malintesi. Quante volte ti è capitato di voler essere premuroso, magari facendo un gesto gentile, ma che non è stato visto allo stesso modo dall'altra parte? Tutto potenzialmente evitabile se ci fosse stato un semplice, brevissimo momento in cui si chiedeva "Posso?"

Riconosco che chiedere il consenso non è sempre facile. A volte può sembrare ridondante, tipo quando fai un favore o inviti una persona a uscire. Eppure, questo piccolo gesto crea fiducia fondamentale, permettendo a tutte le persone coinvolte di sentirsi rispettate dalla testa ai piedi. Non sai mai quanto potresti guadagnare in stima quando dimostri di prendere sul serio i **sentimenti** degli altri.

Ora, parliamo di una piccola tecnica efficace. Chiamiamola la "Tecnica di Controllo dei Confini". Suona forse altisonante, ma è proprio semplice. Si tratta di fermarti, osservare e sentire la situazione prima di proclamarla apertamente come l'hai compresa. Sei presente durante la conversazione? Percepisci un feedback non verbale negativo? Sospendi il tuo impulso di parlare e chiediti se sia il momento adatto per continuare o agire. Questa è una valutazione istintiva, non cerebrale. Entra in sintonia con l'umore della stanza, con il **linguaggio** del corpo degli altri; è ascoltare con tutti i tuoi sensi. Il minimo mutamento nel tono di voce, o un piccolo gesto di ritiro fisico, potrebbero essere modifiche sottili che indicano che un confine è stato raggiunto.

Grazie a questo tipo di **consapevolezza**, si prevengono incomprensioni e si coltiva rispetto reciproco nelle interazioni. Questa tecnica di Controllo dei Confini è uno strumento che puoi utilizzare per creare rapporti più sani e sicuri. Da piccoli indizi si può cogliere molto, ma sapersi fermare in tempo non ha prezzo... Il tutto alla fine incide positivamente sui tuoi rapporti, e la vita stessa prende un'impostazione inaspettatamente più tranquilla.

Insegnare agli Altri a Rispettare i Tuoi Confini

Quando inizi a stabilire i tuoi **confini**, potresti avere la sensazione che le persone intorno a te non sappiano come reagire. Seguendo questa strada per primo, devi essere costante. Sì, proprio così, la **coerenza** è la chiave. Spesso si pensa che stabilire un confine sia un'azione singola, come chiudere una porta. Ma se chiudi una porta e poi la riapri subito dopo, chi è dall'altra parte non saprà come comportarsi. Applicare i confini, invece, è come educare gli altri a capire meglio quali sono i tuoi spazi, i tuoi limiti.

Succede un po' come con i bambini. Immagina di avere a che fare con un bambino che non sa il significato di "no". All'inizio potrà protestare, sarà frustrato. Ma se gli ripeti sempre lo stesso insegnamento, presto capirà cosa vuoi dire. Allo stesso modo, le persone intorno a te impareranno a rispettare i tuoi limiti se vedono che rimani fermo, sempre, se richiesto.

E c'è anche di più. Mantenere la coerenza nei tuoi confini manda un messaggio chiaro: questi sono i miei limiti e non si discute. Dimostra anche che ti prendi sul serio, che sono importanti per te, quanto le tue esigenze e i tuoi valori. Chi ama il rispetto principalmente, riconosce questa forza di carattere. Così, con il tempo, rispetterà anche lui quei limiti senza doverci nemmeno pensare.

Ma da sola la coerenza non basta proprio. Qui entra in gioco la **comunicazione** chiara. Anche se sei coerente, ma i tuoi messaggi sono confusi o ambigui, rischi che le persone non capiscano i veri confini che desideri tracciare. Magari pensano di rispettare i tuoi limiti, mentre in realtà non l'hanno capito del tutto. Quindi, è fondamentale parlare chiaro e breve. Non serve usare grandi discorsi, semmai solo frasi dirette, tipo "Non voglio che mi telefoni dopo le 20", oppure "Per favore, vorrei un mese di preavviso per le prenotazioni delle ferie".

Qui, chiare regole del gioco creano meno occasioni di malinteso. E sai, quando chiarisci fin dall'inizio che cosa ti aspetti, non lasci spazio alle interpretazioni. Gli altri comprendono meglio e sanno esattamente cosa si aspettano da loro. E tu, nel comunicare, stai attento a restare tranquillo però sicuro di te. Così ti assicuri che il messaggio venga recepito con il giusto tono; né severo né troppo compiacente. Anche l'intonazione della voce e le parole che scegli possono fare la differenza, quindi tienilo presente.

Immaginiamo che, nonostante i tuoi sforzi, qualcuno continui a violare i tuoi confini. Cosa fare? È qui che entra in scena il "**Rinforzo** dei Confini", un copione semplice ma efficace per contrastare le ripetute violazioni. Facciamo un esempio. Supponiamo che hai detto a un collega che non sei disponibile a parlare per email riguardo cose di lavoro dopo l'orario d'ufficio. Ma questo insiste e continua a scriverti.

Potresti dire: "Ti ho già parlato chiaramente delle mie regole sull'orario di lavoro, e mi aspetterei da te che le rispetti. Non ho più intenzione di rispondere a email professionali fuori orario. Continua a farlo e potrei decidere di rivolgermi direttamente al nostro superiore." Vedi, non devi sentirti in colpa per questo. Ti stai costruendo dei paletti che, in questo caso, raffinano il codice etico che scambia favori o equilibri.

Il concetto che ciascuno rispetta il proprio **spazio** nel lavoro può sembrare banale, ma ribadirlo può fare tanta differenza. Pian piano, vedrai che il collega capirà il messaggio, senza cadere nel conflitto perché la tua chiarezza lo farà finire ad accettare le regole.

Allora si tratta di dare qualche sveglia a chi proprio non capisce, usando sempre educazione più un po' di **assertività**. Tutto qui. Quando sei risoluto nei tuoi messaggi e coerente nei tuoi standard, gli altri non avranno scelta che rispettarli. Infine, renditi conto come tutto sarà più facile per te giorno per giorno.

Gestire i conflitti di confine con rispetto

Ogni relazione, prima o poi, si troverà ad affrontare qualche tipo di **conflitto** di confine. Le fonti possono essere varie, dette o non dette. A volte si tratta di differenze nei valori personali, altre volte è solo una questione di aspettative non chiarite. È facile trovarti in disaccordo su cosa è accettabile e cosa no, soprattutto quando cerchi di trovare un equilibrio tra il voler accontentare chi ti è caro e il mantenere fedelmente le tue necessità. La cosa complicata è che spesso queste differenze non vengono nemmeno individuate finché non diventano una problematica tangibile. È come se avessimo tutti delle righe invisibili che non dovrebbero essere superate, righe che però variano da individuo a individuo. Ed ecco che nascono i conflitti. Cosa succede quando ti senti invaso, trascurato, o anche solo ignorato? Appunto, nascono i problemi.

Cosa puoi fare quando ti trovi davanti a queste situazioni? Beh, una delle soluzioni chiave è l'**ascolto** attivo. Ascoltare l'altro in modo da capire veramente le radici delle sue preoccupazioni, piuttosto che semplicemente attendere il tuo turno per ribattere. Invece di prenderti del tempo per costruire una difesa formidabile, perché non prendi quel tempo per capire davvero il perché dietro le parole? L'ascolto attivo è quasi un'arte perduta, ma ha una potenzialità infinita di risolvere i conflitti, trasformandoli in occasioni di

crescita collettiva. Fermati, renditi disponibile e fai domande sincere. E, ad essere sinceri, non si tratta solo di usare le parole giuste. Ma come le pronunci, lo sguardo che accompagna quelle parole... magari con un cenno di comprensione o anche solo con un silenzio che dice "Sto veramente sentendo quello che hai da dire."

Ora, ammettiamolo, anche l'ascolto attivo da solo non risolverà sempre tutto. Ecco quindi il framework pratico – la "**Risoluzione** Rispettosa" – per affrontare al meglio i disaccordi sui confini. Cos'è? Semplice: è un passaggio organizzato per risolvere le questioni con maturità e rispetto. Ti guiderà nell'affrontare le divergenze attraverso pochi passaggi essenziali. Per iniziare con "Risoluzione Rispettosa," occorre partire con la **chiarezza**. Esprimi ciò che senti e, allo stesso tempo, permetti all'altra persona di fare lo stesso. Traduco: bisogna parlare e ascoltare a turno, senza la preoccupazione di interrompere. E non solo... Fidati, è cruciale non supporre cosa l'altro intenda o senta.

Dopo viene il rispetto delle **emozioni** altrui. Una volta comprese le emozioni e le motivazioni degli altri, dovresti essere disposto a fare piccole concessioni, magari guardando anche sui lati più flessibili del tuo confine. Non così difficile, vero? Se arrivi a dei punti in comune, tanto meglio. Dove non ci si incontra, può essere utile considerare soluzioni alternative, quasi come se il confine fosse un po' una corda elastica: a volte si allunga un po', altre si restringe. In ogni caso, tieni sempre a mente che l'obiettivo comune sì, è il **rispetto** dell'altra persona... ma ugualmente il rispetto dei tuoi stessi limiti personali. Un **compromesso** equo permette di mantenere entrambi i confini intatti.

Esercizio Pratico: Scenari per Costruire il Rispetto

A volte è più facile dire cosa ti dà **fastidio** che capire come comunicarlo rispettando anche l'altra persona. Bene... Per iniziare, elenca 5 scenari comuni di **confini** nelle tue relazioni. Che siano legati al lavoro, alla famiglia o agli amici, non importa. Potrebbe essere il collega che ti interrompe sempre nelle riunioni, l'amica che ti chiama tardi la sera senza troppe cerimonie, o il partner che ha l'abitudine di controllare i tuoi messaggi sul telefono.

Ora, passiamo alla parte davvero importante. Per ogni scenario, è il momento di creare una **risposta** che non metta solo in luce il tuo confine ma che, al tempo stesso, onori anche quelli dell'altra persona. La comunicazione rispettosa non significa dire sempre sì, ma dire no nel modo giusto. Quindi, se l'amica ti chiama sempre a quell'ora scomoda, potresti dirle qualcosa del tipo: "Capisco che ci teniamo tanto a parlarci, però la sera tardi per me è un po' difficile. Possiamo sentirci in un momento migliore?". Non è diretto, ma nemmeno una concessione totale.

A questo punto, non rimane che **praticare**. Ma praticare sul serio. Concentrati sul tono e sul linguaggio del corpo con cui comunichi queste risposte. Uno sguardo complice, un sorriso leggero e un tono calmo possono davvero fare la differenza. Eh sì, ti sentirai ridicolo a parlare da solo allo specchio, ma credimi... funziona! Immagina, mentre ti eserciti, la reazione dell'altra persona: i tuoi gesti e il tuo modo di parlare aiuteranno la **comunicazione** a fluire meglio, senza né sollevare né abbattere barriere inutili.

Ora, esercitarsi da solo va bene, ma simulare gli scenari con qualcuno è una storia del tutto diversa. Qua serve un po' di aiuto. Potresti coinvolgere un amico, un familiare o chiunque con cui ti senta a tuo agio. Fai una **simulazione** degli scenari scelti prima, alternando i ruoli. Questo può darti una percezione più concreta di come le diverse situazioni potrebbero svolgersi nella realtà e ti aiuta a rimanere come vuoi: calmo e rispettoso. Alternare i ruoli inoltre ti fa percepire il peso delle parole degli altri, aiutandoti a riflettere in modo empatico.

Ok, passiamo all'ultima parte. Una volta sperimentato il tutto, il passo successivo è riflettere sull'intera **esperienza** e affinare le tue risposte. Chiediti, dopo ogni simulazione: Cosa ha funzionato? Cosa avresti potuto migliorare? Uno sguardo un po' troppo nervoso? Un tono di voce non convincente? Le sensazioni post-riflessione sono utilissime per creare delle risposte assertive, ma fluide... adattandoti anche alle situazioni più complicate.

E così, a seguito di questa piccola sessione di auto-riflessione, migliorerai gradualmente e in modo sostenibile. Tieni sempre a mente che i confini non servono a rendere distanti ma vicine le persone che li rispettano e li onorano—probabilmente, scoprirai che così il **rispetto** reciproco diventa più naturale, costruendo relazioni più salutari e bilanciate.

In Conclusione

Questo capitolo ti ha guidato passo dopo passo nella **comprensione** del legame essenziale tra definire dei limiti e il rispetto reciproco. Stabilire confini chiari è **fondamentale** non solo per proteggere il tuo benessere, ma anche per educare gli altri su come desideri essere trattato. Attraverso varie tecniche e **riflessioni**, hai visto quanto sia importante comunicare con chiarezza e mantenere coerenza nel far rispettare tali limiti.

In questo capitolo hai esplorato:

• Come i confini ben definiti aiutino a costruire **rispetto** reciproco nelle relazioni

• In che modo l'autorespetto crei una base solida per rispettare i limiti altrui

• Il "Reflective Respect" per analizzare le pratiche di rispetto e di confini

- L'importanza cruciale di chiedere sempre il **consenso** prima di superare i limiti personali degli altri

- Come la coerenza nell'applicazione e la **comunicazione** chiara insegnino agli altri a rispettare i tuoi limiti

Quello che hai appena letto rappresenta un invito ad applicare questi **concetti** nella tua vita quotidiana. Usare quanto appreso **rafforzerà** le tue relazioni e garantirà il rispetto, sia di te stesso che degli altri. Segnati i punti salienti e inizia a mettere in pratica questi strumenti semplici ma potenti: noterai presto la differenza!

Capitolo 9: Confini nelle Relazioni Familiari

Ti sei mai sentito sopraffatto dalle **dinamiche familiari**? Io sì. Quello che nessuno ci dice mai è quanto sia difficile trovare equilibrio tra affetto e **indipendenza**. Sai di cosa parlo, vero? A volte, stabilire dei **confini** con parenti, figli o in un nuovo matrimonio può sembrare un compito impossibile. Eppure, è proprio in quei momenti di **tensione** che devi sapere quando dire no, quando proteggere il tuo spazio.

In questo capitolo, daremo uno sguardo a come impostare **limiti chiari** per evitare incomprensioni con genitori e fratelli. Per non parlare poi di quanto sia essenziale stabilirli anche con i tuoi figli. E, ovviamente, non vogliamo dimenticare quanto sia delicato il tema nei casi di **famiglie allargate**.

Questo è un capitolo per chi, come te, vuole trovare un po' di **pace** in mezzo ai rumori di casa. Allora, scopriamo insieme come navigare queste acque turbolente e creare un ambiente familiare più **armonioso**. Sei pronto a esplorare strategie pratiche per stabilire confini sani senza compromettere l'affetto? Andiamo avanti e vediamo come puoi trasformare le tue relazioni familiari...

Stabilire dei limiti con genitori e fratelli

Stabilire dei **limiti** con i tuoi genitori o fratelli... non è mica una passeggiata. Anzi, può sembrare quasi impossibile! Sai, con certe persone che ti conoscono fin dalla nascita, dire "no" può essere complicato. Sei cresciuto sotto lo stesso tetto, hai condiviso un'infinità di esperienze e, naturalmente, hai delle aspettative da rispettare. È come cercare di segnare una linea nella sabbia durante una tempesta di vento. A volte sembra che vogliano sempre dettare legge su tutti i tuoi movimenti, facendoti sentire intrappolato in uno schema da cui non puoi uscire.

Ma ehi, diciamoci la verità... la **pressione** che senti per compiacere tua madre, evitare scontri con tuo fratello, o per essere l'immagine perfetta che i tuoi genitori hanno di te, lascia il segno. Ad un certo punto, devi renderti conto che non è una responsabilità tua. Non puoi avere cura dei loro sentimenti senza tradire te stesso. Qui entrano in gioco i limiti: quando li definisci in modo chiaro e deciso, inizi a riequilibrare la **dinamica**. Capisco che potrebbe esserci una resistenza iniziale, ma con il tempo tutto sembra magicamente sistemarsi. In famiglia non ci dovrebbero essere né dominanti né dominati, ma piuttosto un senso sano di reciprocità.

Quando ti metti nei panni della persona che ha dovuto attenersi sempre a certi schemi familiari... beh, non è mai facile, vero? Ma mettere dei confini significa garantirti lo **spazio** di cui hai bisogno—emozionale e fisico. Commenti fastidiosi su come dovresti vivere la tua vita o aspettative non realistiche cominciano man mano a farsi meno opprimenti. Ecco il bello: impostare queste limitazioni può effettivamente migliorare le relazioni invece di peggiorarle. Lo so, sembra un controsenso, ma pensa a quel vecchio detto che sai, "troppo amore soffoca" o "lontananza fa bene al cuore". Applicato alle relazioni familiari, un buon limite significa che tutte le parti coinvolte imparano a rispettare le necessità e i pensieri dell'altro, senza pressione di troppo.

Ma allora, come fare tutto questo? Bene, è qui che entra in gioco il "Piano di Confine Familiare". Non è esattamente un documento ufficiale, non ti preoccupare. Immagina questo piano come una specie di **mappa** per tracciare nuovi percorsi nell'interazione familiare. Prendi qualche foglio di carta e identifica tutti quei momenti in cui senti di "perdere il controllo," quando avresti necessità di definire un limite. Trasferisci tutto su carta, e poi, con calma, condividi queste **emozioni** con chi ti sta a cuore. "Senti, mamma, quando dici questo, io mi sento così." O con tuo fratello: "Quando fai questo, mi sento ignorato." Certo, non sarà teatrale, nulla di fiammeggiante da film, solo discorsi genuini su quanto valga per te condividere negli angoli dello scontro, mettendo comunque ordine nei confini.

Abbiamo parlato del dare spazio e della condivisione, vero? Ma la bellezza risiede nella **trasparenza** e comunicazione diretta. Man mano che impari ad estendere questa pratica, scoprirai nuovi schemi che non avevi mai notato. Può sembrare un lavoro in corso inizialmente, ma una volta ridefinito questo rapporto familiare, ti sentirai più libero, libero da aspettative non dette o richieste incessanti. Ne trarranno vantaggio tutti, perché tutti avranno uno spazio sicuro di rispetto reciproco, un'area confortevole sotto un nuovo stelo di **consapevolezza**— che non è affascinante ma nella sua normalità sta la bellezza di tutto questo.

Stabilire i Confini con i Bambini

Parliamone chiaro. Impostare **confini** con i bambini è, a dir poco, essenziale. Ciò che spesso ti mette in difficoltà è capire come farlo in modo efficace, considerando l'età dei tuoi piccoli. Un bimbo di tre anni non può essere trattato allo stesso modo di un **adolescente**. Devi adattare il linguaggio e le aspettative in base alla loro crescita e maturità. Ad esempio, con i più piccoli, i confini devono essere semplici e concreti, come "non si corre in casa" – breve, diretto e facile da ricordare. Col passare del tempo, quando saranno più grandi, inizierai a introdurre concetti più complessi che richiedono riflessione e rispetto reciproco.

È davvero importante ricordare che i bambini imparano osservando. Se tu, da adulto, non rispetti i tuoi stessi confini, difficilmente puoi aspettarti che loro rispettino i loro. Quindi, modellare confini sani è un passaggio **fondamentale**. Questo è particolarmente vero per quanto riguarda spazi personali e momenti di **privacy**. Se mostri quanto sia necessario prendersi alcuni momenti di solitudine per ricaricarsi, i bambini cominciano a capire quanto sia importante dare (e ricevere) quel tempo. Non si tratta di imporre regole rigide e distanze forzate, ma di insegnare attraverso l'azione quotidiana che ogni persona ha dei limiti che vanno rispettati.

E poi c'è un trucco che puoi sempre avere nel taschino: i "Momenti di **Insegnamento** dei Confini". Qui è dove spesso sta il vero lavoro, ma non devi connotarlo come pesante o negativo. Questi momenti si presentano nelle situazioni più comuni – magari quando i bambini si accapigliano sul divano, oppure quando rifiutano di fare ordine nella loro stanza. Invece di risolvere il conflitto per loro, usa l'episodio come una lezione su cosa significhi rispettare i confini, sia quelli degli altri che i propri. Anche se non sempre sembra efficace nell'immediato, fidati che col tempo i bambini iniziano a capire cosa significa rispettare direttive e limiti che hanno senso per tutti.

Quel che voglio dire è che l'importante non è solo imporre regole, ma costruire una **consapevolezza** nei bambini sulla necessità dei confini. Il punto è insegnare cosa significano in pratica i confini: proteggere se stessi e gli altri dai disagi, evitare scontri inutili, imparare a convivere in modo armonioso.

Impiegando queste tecniche adatte all'età, attraverso il tuo esempio e sfruttando quei momenti semplici ma significativi per insegnare – beh, riuscirai a dare ai tuoi bambini strumenti preziosi per gestire se stessi in un mondo che può essere così **impegnativo**. Ma soprattutto, farai in modo che entrino nell'età adulta con una maggiore **comprensione** di sé e degli altri.

Mantenere i Confini nelle Famiglie Allargate

Parliamoci chiaro: far parte di una famiglia allargata può essere **complicato**. Quando ci sono più genitori, patrigni o matrigne, fratellastri e sorellastre in gioco, avere dei confini chiari diventa fondamentale. Questi confini non servono solo a evitare **conflitti**; possono essere anche un faro che ti guida attraverso queste transizioni difficili. Pensaci: ogni cambiamento ha bisogno di una guida, e i confini sono proprio quello.

Prendi un esempio semplice: quando arriva un nuovo patrigno o matrigna, i bambini potrebbero sentirsi confusi su quale ruolo dovrebbero avere ora i loro genitori biologici. Qui, impostare dei confini ben definiti aiuta a delineare i ruoli, a far sapere chi è responsabile di cosa e a stabilire cosa viene tollerato e cosa no. Sembra semplice, ma fa una differenza enorme. Se tutti sanno cosa aspettarsi, le **transizioni** diventano molto più fluide.

Ecco che arriva l'importanza di comunicare apertamente sui tuoi limiti personali. Le famiglie allargate spesso vivono momenti di tensione, specialmente quando si introducono nuove routine. Ma se ci sono confini chiari, anche le divergenze si risolvono. Tutti, adulti e bambini, possono vivere un certo livello di prevedibilità, il che riduce ansie e tensioni. E quando i confini sono rispettati? Beh, è lì che i legami si rafforzano e la **fiducia** si costruisce.

Ora pensa all'opportunità di rispettare i confini esistenti. Hai mai riflettuto su quanto sia delicato, non solo aggiungere nuove persone alla tua vita, ma farlo nel rispetto di ciò che esisteva già? Immagina i cosiddetti "vecchi" confini: relazioni precedenti, accordi o abitudini che fanno parte della routine familiare. Devi rispettarli, per evitare di alzare muri che impediscono una sana **convivenza**.

Questi confini preesistenti hanno radici profonde, spesso basati su fiducia tra figli e genitori o tra ex-partner. Ignorarli potrebbe dare l'impressione di voler cancellare dei legami precedenti, il che comprometterebbe ogni tentativo di unire la nuova famiglia. In questo nuovo scenario, prenditi tempo, parla apertamente con tutti i membri della famiglia. Chiedi come si stanno sentendo e negozia confini che rispettino il passato ma si aprano al presente. Così facendo, affrontare le emozioni di ogni componente sarà un atto di cura che eviterà **incomprensioni**. Più facile a dirsi che a farsi? Forse. Ma ne vale la pena.

E che ne dici di creare un "Patto di Confini della Famiglia Allargata"? Molti sottovalutano il potere di un accordo scritto, ma non devi essere troppo formale: un foglio di carta e una penna faranno il lavoro. Questo patto serve a stabilire regole comuni, aspettative, doveri e ciò che ognuno trova accettabile o inaccettabile. Non è da sottovalutare: quando ognuno comincia a sentire di avere voce in capitolo nel definire quegli spazi, la convivenza diventa più **piacevole**.

Con un patto alla mano, mettitelo bene in testa—rispettatevi, non superate certi limiti senza discutere prima. E se le cose cambiano, niente paura; potete sempre sedervi e rivedere insieme quei confini. La **flessibilità** è cruciale, e il patto può essere aggiornato ogni volta che la nuova famiglia sente l'esigenza di modificare qualche regola.

Hai capito come fa un semplice pezzo di carta a diventare il fondamento della **tranquillità** familiare?

Affrontare le violazioni dei confini familiari

Le violazioni dei **confini** familiari sono più comuni di quanto pensi. A volte i parenti, anche senza volerlo, oltrepassano limiti che non dovrebbero. Come quel cugino che si sente sempre in dovere di criticare le tue scelte di vita, o tua madre che considera scontato l'accesso alle tue decisioni personali. Eh sì, spesso lo fanno con le migliori intenzioni. Ma ciò non cambia il fatto che queste **interferenze** possano creare tensioni e persino spaccare relazioni. Inizi ad accumulare sensazioni di risentimento e frustrazione... per poi esplodere al momento meno opportuno. Perciò, quanto è importante stabilire confini chiari!

Queste violazioni possono avere un impatto devastante. Magari un genitore pensa di saperne di più e non rispetta le tue scelte – la cosa potrebbe inizialmente sembrarti solo fastidiosa, ma può finire per prosciugare la tua **autostima**. Oppure un fratello invadente prende continuamente in prestito le tue cose senza chiedere – una piccola infrazione sì, ma quando si ripete, crea un clima di sfiducia. È solo questione di tempo prima che tu inizi a sentirti sminuito e che la relazione venga segnata da conflitti irrisolti. Le violazioni di confini familiari colpiscono spesso dove fa più male, generando un bel casino che rientra nelle tue complicate dinamiche personali.

Ma non disperare. Puoi evitare **disastri** irreversibili con un po' di pazienza e coerenza. E qui arriva l'importanza della coerenza. Quando decidi di affrontare il problema dei confini familiari, è davvero fondamentale mantenere una posizione coerente. Devi essere come un faro – non lasciare che altri ti convincano a cedere, altrimenti ricadrai nell'errore di lasciare che il problema continui a nuocerti. Anche se all'inizio potresti sentirti in colpa o imbarazzato a rafforzare quei paletti, alla lunga sarai felice di averlo fatto. Per diventare coerente puoi partire con piccoli passi. Un semplice "No, non è una buona idea" che diventa un punto fermo nel tuo **vocabolario**. Oppure iniziare a praticare respiri profondi quando qualcuno si avvicina ai tuoi limiti, in modo da non farti trovare impreparato.

Poi, tocca affrontare le violazioni passate. Non è solo seccatura, serve prendersi del tempo per questo lavoro di "riparazione dei confini familiari." In che cosa consiste? Parti dal riconoscere quando qualcuno ha superato il limite e, anziché esplodere, affronta la situazione con calma. Potresti usare frasi del tipo: "Vorrei che rispettassi la mia scelta" oppure "Capisco che hai buone intenzioni, ma questa è una decisione solo mia." Esprimi i tuoi **sentimenti** senza colpevolizzare troppo l'altro — sì, serve diplomazia ma anche fermezza. Parlare di come le violazioni del passato ti hanno fatto sentire darà la possibilità all'altra parte di capire meglio la tua prospettiva, evitando malintesi futuri. Infine, assicurati di stabilire chiaramente quali sono i nuovi limiti affinché la riparazione sia concreta.

Questo processo potrebbe richiedere tempo, e la **conversazione** non sempre sarà facile, ma resta fiducioso. La chiarezza e il rispetto torneranno nel rispettarsi reciprocamente. Tirare fuori questi problemi nasconde un potere straordinario: quello di guarire relazioni ferite, riportando **armonia** e crescita. Anche se non lo nego, ci vuole un po' di lavoro... e tanta pazienza. Ma tutto inizia dal dare valore ai propri confini e pretendere che anche gli altri facciano lo stesso!

Esercizio pratico: Piano d'azione per i confini familiari

Ora che hai imparato l'importanza dei **confini** familiari, è il momento di metterli in pratica. Ecco un esercizio che ti aiuterà a creare un piano d'azione concreto per stabilire e mantenere **limiti** sani nella tua famiglia.

Per prima cosa, prendi un foglio e una penna. Pensa a una situazione in cui senti che i tuoi **confini** personali vengono violati da un membro della famiglia. Potrebbe essere qualcosa di semplice come quando tua madre entra in camera tua senza bussare, o qualcosa di più complesso come un fratello che ti chiede sempre soldi in prestito.

Ora, scrivi questa situazione in cima al foglio. Sotto, crea tre colonne:

- Nella prima colonna, descrivi come ti fa **sentire** questa violazione dei confini.

- Nella seconda, scrivi cosa vorresti che **cambiasse**.

- Nell'ultima colonna, annota delle **azioni** concrete che puoi intraprendere per comunicare e far rispettare questo confine.

Ricorda, l'obiettivo non è essere aggressivo o creare **conflitti**, ma piuttosto comunicare in modo chiaro e rispettoso i tuoi **bisogni** e le tue aspettative.

Dopo aver completato questo esercizio, avrai un piano d'azione **concreto** da mettere in pratica. Non aspettarti che le cose cambino da un giorno all'altro; stabilire nuovi confini richiede tempo e **pazienza**. Ma con costanza e determinazione, vedrai dei miglioramenti nelle tue relazioni familiari.

Se incontri delle difficoltà o resistenze, non scoraggiarti. È normale che ci voglia del tempo perché tutti si adattino ai nuovi confini. L'importante è rimanere fermo ma gentile nelle tue **intenzioni**.

In Conclusione

È stato un **capitolo** ricco di informazioni che tratteggia l'importanza dei **limiti** nei legami familiari. Capire come stabilire confini può migliorare nettamente i **rapporti** con i tuoi cari e garantire rispetto e armonia. Questa lettura ti fornisce strumenti pratici per creare interazioni più sane in famiglia.

In questo capitolo hai visto come i confini con genitori e fratelli possano essere difficili, ma anche essenziali. Hai compreso l'importanza di stabilire ed eventualmente negoziare limiti con i figli affinché capiscano bene cosa significhi **rispetto** reciproco. Hai anche imparato quanto sia necessario rispettare i limiti preesistenti quando formi una nuova **famiglia** con membri di precedenti relazioni.

Hai esplorato le conseguenze negative che possono derivare dalle violazioni dei limiti e quanto sia vitale affrontarle subito. Ti è stato presentato un semplice piano pratico per identificare, definire e implementare confini rilevanti in qualsiasi contesto familiare.

Ricorda di mantenere sempre l'attenzione sull'**equilibrio** e di comunicare apertamente quando si tratta di limiti personali. Applicando le **tecniche** discusse qui, sarai quasi certo di vedere serenità e rispetto permeare i tuoi rapporti, trasformando la tensione in **comprensione** e alla fine migliorando i legami familiari.

Capitolo 10: Confini nelle relazioni romantiche

Hai mai sentito che, in una relazione d'amore, certe linee invisibili fanno la differenza tra stare bene insieme e sentirsi oppressi? Pensa a queste come ai "**confini**" che ti proteggono e allo stesso tempo ti permettono di crescere come coppia. In questo capitolo, vedrai quanto è **importante** definirli, già dai primi momenti di una relazione, per costruire qualcosa di **solido**. Ti guiderò passo dopo passo — scoprirai non solo come mantenere la tua **individualità** mentre ami l'altra persona ma anche cosa fare quando i confini non sono più chiari nelle relazioni di lunga **durata**.

Ho pensato fosse utile darti anche qualche **esercizio** pratico... perché non c'è miglior modo per mettere tutto in pratica. Sei pronto a prendere in mano il **timone** della tua vita amorosa? Dai, **iniziamo**!

Ti accorgerai che stabilire dei confini sani non significa essere egoisti o distanti. Al contrario, è un modo per coltivare rispetto e fiducia reciproci. Imparerai a comunicare i tuoi bisogni in modo chiaro e gentile, senza ferire l'altra persona. E non preoccuparti se all'inizio ti sembrerà difficile: con un po' di pratica, diventerà naturale come respirare.

Ricorda, ogni relazione è unica, quindi non esistono regole fisse. L'importante è trovare un equilibrio che funzioni per te e il tuo partner. Lungo il percorso, potresti scoprire aspetti di te stesso che non conoscevi, e questa è una delle cose più belle dell'amore: ti spinge a crescere e a diventare la versione migliore di te stesso.

Il Ruolo dei Confini nelle Relazioni Sane

Ti sei mai chiesto perché parlare di **confini** nelle relazioni romantiche è così importante? Sembrerebbe una cosa banale, ma i confini sono fondamentali per costruire una relazione solida – non perché siano barriere rigide, ma perché creano uno spazio sicuro dove l'**intimità** e la **fiducia** possono davvero fiorire. Quando tu e il tuo partner riuscite a comunicare chiaramente i vostri bisogni e desideri, rispettando al contempo quelli dell'altro, questo non solo favorisce una maggiore comprensione reciproca, ma fa crescere un vero legame basato su rispetto e onestà.

Che rapporto ci sarebbe senza fiducia, giusto? Stabilire confini non vuol dire tenere l'altra persona a distanza, piuttosto permette di coltivare una maggiore apertura emotiva. Come in un giardino ben curato, quando ogni pianta ha il proprio spazio per crescere, alla fine fiorisce tutto. Allo stesso modo, in una relazione, sapere dove stanno i limiti permette a entrambi di sbocciare in tutta la loro autenticità, senza doversi preoccupare di essere giudicati o non ascoltati.

Ecco, è proprio da qui che deriva l'importanza di avere confini individuali in una coppia – da quelle radici profonde che ogni singolo membro apporta alla relazione.

Ma cosa vuol dire, concretamente, avere confini che sostengono un'identità di coppia? Quando due persone entrano in relazione, non perdono la loro unicità. Anzi, dovrebbero – e qui sta il bello – arricchirsi reciprocamente mantenendo la propria **individualità**. Tu sei sempre tu e il tuo partner è sempre se stesso, e questo arricchisce l'identità della coppia.

Pensaci. Se lasci da parte i tuoi spazi, i tuoi interessi, tutto ciò che ti rende unico, non danneggi solo te stesso – metti in pericolo l'equilibrio della coppia stessa. I desideri del singolo devono rimanere importanti e non essere sopraffatti, perché una coppia senza individui forti è come una pianta che non ha nutrimento: prima o poi cede.

C'è gradualità in questo percorso, come un delicato equilibrio fra saper ascoltare l'altro senza perdere se stessi nel processo. Insomma, se riesci a mantenere i tuoi limiti, ti senti più sicuro, più centrato e, di conseguenza, riporti questa forza all'interno della relazione.

Hai mai avuto quei momenti in cui ti sei chiesto se la tua relazione sta davvero andando nella direzione giusta? Qui potrebbe esserti utile una lista di controllo veloce e pratica. La "Lista di Controllo dei Confini nella Relazione" serve proprio a questo – valutare quanto i vostri confini siano sani e rispettosi. È una sorta di mappa per orientarsi nella vita di coppia. Prendi un po' di carta e una penna, facciamola insieme:

- Ti senti ascoltato quando esprimi un bisogno o un desiderio?

- Riesci ad esprimere disaccordo senza temere ritorsioni emotive?

- Hai il tuo tempo e spazio per dedicarti alle tue passioni, senza sensi di colpa?

- C'è **reciprocità** – ovvero, quanto dai sei pronto a ricevere?

- Ti senti libero di essere te stesso, anche se in certi momenti avete opinioni diverse?

Ripassa queste domande quando senti che qualcosa non quadra. Quanto rispettiamo noi stessi e quello che realmente vogliamo, manda un segnale anche all'altra persona sulla qualità della relazione che meritiamo di avere. Perché, alla fine, stare bene in coppia deve essere frutto di una scelta consapevole e non di una rinuncia.

In una coppia sana, il **rispetto** dei confini diventa una naturale risposta a tutto il resto. Creando questo spazio protetto, si favorisce una convivenza che sa dare e ricevere in modo equilibrato – e, diciamocelo, non c'è niente di più bello di una relazione che sa trovare l'**armonia** tra due individualità che si rispettano, ma che quando si uniscono, sono più forti.

Stabilire i confini all'inizio delle relazioni

Stabilire **aspettative** chiare fin dall'inizio è fondamentale. Quando inizi una relazione, è così facile lasciarti trasportare dall'euforia e dimenticare che prima o poi dovrai affrontare situazioni più serie. Ecco perché ti dico che è meglio parlare subito di ciò che è **importante** per te. Questo non solo ti aiuta a vedere se sei davvero **compatibile**, ma evita anche malintesi futuri. Pensa un po'... a lungo andare, potrebbe essere difficile cambiare le regole del gioco una volta che le abitudini si sono già instaurate nella relazione. Meglio iniziare con il piede giusto.

Ovviamente, la cosa bella dell'avere dall'inizio una **conversazione** chiara e aperta sulle tue aspettative è che tutto sarà più semplice dopo. Non ci saranno dubbi su dove ti poni o su ciò che desideri. E non si tratta solo di evitare discussioni, ma anche di facilitare una connessione sincera, dove entrambi potete essere voi stessi senza false pretese. Senza giochi, insomma.

Ora, non sto dicendo che stabilire confini significhi gettare un'ombra di serietà pesante come un macigno su una nuova relazione. Piuttosto, si tratta di esserti fedele e rispettoso dell'altra persona. Avere il coraggio di affrontare queste conversazioni dimostra **maturità** e interesse reale a creare qualcosa che possa funzionare nel tempo. Ti sembra una cosa abbastanza importante da prendere in considerazione quando avvii qualcosa di nuovo, no?

Ma, come spesso accade, stabilire questi confini in anticipo serve soprattutto a prevenire **problemi** che potrebbero insorgere in futuro.

Parlare di alcune cose lanciando l'argomento con naturalezza evita litigi e risentimenti che potrebbero emergere dopo mesi, o anche anni. Un semplice e apparentemente innocuo fraintendimento può gonfiarsi a dismisura col tempo, portando a conflitti che potrebbero essere costruiti completamente su incomprensioni. Ma se ogni cosa è chiara fin da subito, sei molto meno propenso a trovarti in situazioni esplosive o dolorose.

Inoltre, avresti mai sospettato che stabilire limiti possa anche rafforzare il **legame** tra te e il partner? C'è una cosa curiosa su questo: quando hai parlato apertamente dei tuoi bisogni e desideri, il rapporto ne esce più saldo rispetto a una relazione in cui si evitano queste possibili "conversazioni scomode". E che scomode non sono affatto quando diventano parte del linguaggio comune tra voi due. Iniziate a capire che è sano, a volte necessario, avere queste conversazioni su ciò che vi fa sentire a vostro agio o meno.

Quindi, qui arriva l'importanza della "Conversazione sui Confini nelle Nuove Relazioni". Può sembrare un po' formale chiamarla così, ma preferisco vederla come una piccola chiacchierata semplice, quasi come chiedersi cosa preferite mangiare per cena. Preparatevi prendendovi un caffè o mentre siete impegnati in qualsiasi altra attività rilassata. L'importante è creare un **ambiente** dove entrambi vi sentiate liberi di esprimervi senza pressioni.

Parliamoci chiaro. Essere eccitato all'inizio di una relazione non significa dover mettere da parte chi sei. Puoi dirlo in maniera casual, con mezzi sorrisi e dolcezza, spiegando fin da subito cosa è fondamentale per te. Magari fargli sapere in modo rilassato che certe cose sono per te non negoziabili, senza prendere troppo sul serio il tono o la situazione.

Così facendo, poni solide basi su cui puoi costruire qualcosa di bello e autentico lungo la strada. Potrai guardare indietro più avanti con la sensazione che tutto sia stato detto al momento giusto e che, tenendo il partner a conoscenza delle tue preferenze, ti sei preso cura di te stesso e della relazione.

Mantenere l'identità individuale all'interno di una coppia

In una relazione di coppia, **stare bene** insieme senza perdere se stessi non è sempre facile. Avere confini chiari ti aiuta a preservare quell'essenza che ti rende unico – l'**identità** personale, se vogliamo chiamarla così. Quando sei innamorato, può sembrarti normale fare tutto insieme e condividere ogni minuto della giornata. Ma sai, la tua individualità può svanire come neve al sole e rischi di dimenticare chi eri prima che tutto iniziasse. Non dico che non sia importante stare insieme, lo è eccome, ma mantenere il tuo spazio vitale nella relazione lo è altrettanto.

Mantenere chi sei non è un atto egoista. Anzi, è una forma fondamentale di **rispetto**, per te e anche per l'altra persona. Significa concederti il lusso di fare ciò che ami, di coltivare i tuoi interessi, di vivere momenti di solitudine se ne hai bisogno. E lo stesso vale per il tuo partner. Facendo questo, crei un equilibrio sostenibile. Non pieghi e spezzi l'albero della tua identità per adattarti completamente a quella del partner; entrambi imparate come crescere vicini, senza soffocare le vostre radici.

Ora, come fai praticamente a mantenere questa individualità? Entriamo nel concetto di **differenziazione** – un termine un po' tecnico, lo so, ma super importante quando si riflette sulle relazioni sane. Ok, immagina una coppia come due persone su una corda tesa; camminano in perfetta sintonia, sì, ma ogni passo, ogni decisione su dove entrare in equilibrio, è guidata dalla propria capacità di mantenersi indipendenti e allo stesso tempo in armonia. Differenziazione significa proprio questo: restare una persona autonoma pur essendo nella relazione. Salvaguardi la tua **autonomia** e, insieme, costruisci un rapporto solido come la roccia.

Quanta più differenziazione sei in grado di avere, tanto meno sarai ansioso riguardo alla tua relazione. Un alto livello di differenziazione comporta una relazione equilibrata, dove nessuno viene "inghiottito" dall'altro. Spiegarlo è più facile rispetto a farlo, ma credo sia fondamentale essere consapevole di tutto questo, se vuoi che la tua relazione cresca sana e forte. Non sto dicendo di vivere la bella vita senza l'altra persona, assolutamente. Mi riferisco alla capacità di esistere insieme senza per forza fondersi.

E allora ti presento una tecnica semplice ma efficace: Preservare l'Identità. Funziona un po' come il dovere degli ospiti a teatro – prendersi il tempo per assegnarsi i posti giusti. **Crescere** personalmente, ciascuno a modo suo, e farlo con animo tranquillo, porterà benefici reciproci. Uno spazio per te, uno spazio per "noi". Per esempio, dedica del tempo alle tue passioni – dalle cose più semplici alle più articolate. Leggere il tuo libro sul divano, incontrare i tuoi amici di sempre, seguire un corso che ami... Ciò tra l'altro rafforzerà i momenti che passerai col tuo partner, rendendoli ancora più soddisfacenti.

E quando il tuo partner vede che stai dedicando tempo a te stesso, capirà l'importanza del tempo e dello spazio anche per lui. È un po' come mantenere due candele accese: se tu proteggerai la tua dal vento e il tuo partner farà lo stesso con la sua, troverete che insieme **illuminerete** meglio le difficoltà che la vita vi porterà.

Affrontare i problemi di confini nelle relazioni a lungo termine

In una relazione a lungo termine, a volte i **confini** iniziano a sfumare. Non è che decidi di non rispettarli più; è che, col passare del tempo, certe cose diventano abitudini o routine che prima sembravano impensabili. Vedi spesso come ci siano segnali, piccoli e sottili, di un'**erosione** dei confini. Forse una volta non avresti mai permesso al tuo partner di controllare il tuo telefono, ma ora è quasi una prassi. O magari avevi stabilito del tempo tutto per te, ma ormai è assorbito da richieste e aspettative continue... quasi senza che te ne rendessi conto. Questi sono esempi di come i confini lentamente si sfaldano nel tempo.

A volte succede proprio così: la tua necessità iniziale d'**intimità** e connessione ti porta a sacrificare le tue esigenze personali. Col tempo ti ritrovi ad accettare cose che un tempo sarebbero state inaccettabili. "Ma lo faccio perché lo amo", potresti pensare. E certo, compiacere il tuo partner non è sbagliato, ma la tua **individualità**, e quindi i tuoi confini, non dovrebbe scomparire. Come si suol dire, va bene cedere, ma se inizi a tagliare sempre i tuoi confini, finirai col nutrire risentimenti. E quei risentimenti non scompariranno magicamente.

Ora, inutile generalizzare troppo. Ogni relazione è diversa e come evolvono le tue esigenze e quelle del tuo partner può dipendere da mille fattori, tutti validi nella stessa misura. Ciò che rimane fondamentale, però, è che, man mano che le **dinamiche** del vostro rapporto mutano, devi anche rinegoziare i confini che una volta avete fissato. Non basta mettere un paletto e aspettarsi che resti fermo per sempre — vuoi davvero rischiare che il vento del cambiamento lo spazzi via? I confini devono evolversi, aggiornarsi continuamente. Questo non vuol dire che un confine non possa essere fortemente difeso quando è necessario, ma piuttosto che, col passare del tempo, tutto deve essere riesaminato alla luce di una nuova realtà.

Quindi, come si fa a **rinegoziare** i confini? Inizia aggiornando. Siediti e comunica apertamente, mentre vi prendete un bel momento solo per voi due. Date spazio al dialogo, non al silenzio. Devi essere pronto a parlare e ad ascoltare davvero. È come impostare di nuovo le coordinazioni della vostra coppia, assicurandoti che stiate navigando nella stessa direzione. Se ripensi e non chiedi, alla fine finisce per logorarsi tutto. E chiarisci. Anziché aspettare che il tuo partner intuisca quello che vorresti, parlagli chiaramente di come vorresti che le cose andassero d'ora in poi. Cambiare i confini in una relazione è un processo naturale. Ed è un segno di evoluzione.

Ma cosa fai se le cose si sono così confuse da non poter identificarne particolarmente i limiti? Se il terreno è diventato così zuppo...? È lì che devi considerare di **ripristinare** i confini. Questo non significa mettere lucchetti ad ogni porta. Ripristinare, in questo contesto, suggerisce donare a te stesso e alla relazione una nuova energia, una nuova chiarezza. Prendi tutte le richieste in fila: chiudile. Risolvi, riparti da capo.

Ripristinare i confini in una relazione significa tornare al punto di partenza per ripulire il campo da appoggi indesiderati. Rinomina i bisogni, riscrivi le regole del gioco. E non devi farlo da solo. Devi includere il tuo partner nel processo. Devi avere una conversazione onesta, probabilmente difficoltosa, per ridisegnare i confini che dovrete rispettare entrambi. Non dimenticare nell'interpretazione dei nuovi confini l'importanza di conversare seriamente... e se serve, di interrompere **dinamiche** nefaste! Parlate di ciò che ha creato corto circuiti comunicativi facili come errori di realizzazione, di limiti solitari aperti troppo come ferite mal curate. Restringi i confini e rimetti tutto in mano a voci calme, con atteggiamenti onesti. Non rinforzate limiti bui strofinando la polvere sotto un ponte ormai sospeso, che sembra nuovo, riposato e calmo.

Ma non preoccuparti. Raramente è qui dove si interrompe tutto per ottenere successo. Puoi fissare nuovi orizzonti positivi per il lungo termine... Spero possa aiutarti. Ci vuole lavoro, sì, ma sei pronto per rafforzare la tua relazione e riportarla sulla strada giusta.

Esercizio Pratico: Verifica dei Confini nella Relazione

Iniziamo con un elenco dei tuoi 5 **confini** personali principali nelle relazioni romantiche. Non preoccuparti, questi possono cambiare col tempo. Ora dovresti identificare i 5 limiti più importanti che ti vengono in mente. Magari si tratta di **rispetto** dei tuoi spazi personali – troppo tempo con il partner tende a farti sentire soffocato? Oppure potrebbe essere la necessità di onestà assoluta – una piccola bugia può rovinare la **fiducia** tra voi? O forse è fondamentale ritagliarti del tempo con i tuoi amici senza che il tuo partner ti faccia pesare ogni uscita. Quali sono le cose **essenziali** per il tuo benessere, mentalmente e fisicamente, nella tua relazione romantica? Prenditi un attimo per riflettere su quali sono i limiti che devi necessariamente avere chiari nella tua relazione.

Raccolte queste cinque cose, hai già fatto un grande passo avanti – un pezzo importante della **consapevolezza** personale. Allora... hai in mano i tuoi confini. Stese queste comfort zone, possiamo passare alla parte successiva che è altrettanto importante.

Ora, dobbiamo fare una sorta di autovalutazione. Guarda bene quei cinque confini che hai scritto e chiediti: quanto vengono rispettati nella tua relazione attuale? Da uno a dieci. Dieci significa che non c'è problema, nessun dissidio, tutto funziona esattamente come ti auguri. Uno sta invece a dire che c'è parecchio da sistemare.

Tieni a mente una cosa: non serve essere eccessivamente critico. Si tratta di una **valutazione** personale, quindi seguendo il tuo istinto e il tuo benessere in relazione al partner, assegna un numero a ogni confine. Se scopri che un confine in particolare è spesso messo alla prova, beh, questo è un chiaro segno che subirà l'attenzione maggiore tra i prossimi passi. Si tratta semplicemente di dare un numero alla tua realtà attuale – è utile per non vivere quella sensazione vaga di "qualcosa non va" ma non capisci esattamente cosa. Avere un numero può fare un'enorme differenza, credimi!

Hai svolto il test? Bene. Adesso, i numeri più bassi mostrano dove potrebbe mancare chiarezza o dove c'è bisogno di un buon rinforzo. Magari il confine sul tempo da solo è scivolato a un quattro perché il tuo partner continua a chiederti di cambiare piani ogni volta che vuoi goderti quella serata tranquilla sulla tua.

La chiave qui è capire esattamente perché esiste quel numero. Quando analizzi i tuoi numeri bassi, scopri se quel particolare confine non è del tutto chiaro o se mancano le basi per farlo rispettare. Questo passo richiede **onestà** – con te stesso e col tuo partner. Delicato però... E ciò che emerge serve solo a tirare le somme e a migliorare ciò che controlla direttamente il tuo benessere.

Hai i dettagli, sai dove intervenire, quindi adesso tocca metter su una strategia. Ma non è necessario fare tutto da solo, né risolvere ogni singolo punto in un'unica conversazione. Potresti, per esempio, decidere di affrontare un confine alla volta. Scegli bene anche il "quando". Il **tempismo** è essenziale – in momenti di calma e con la mente a posto, è decisamente meglio. Inoltre, costruisci frasi che sono positive anziché accusatorie. Dire semplicemente "Sento che ci sono aspetti dove mi sento un po' a disagio e vorrei parlarne con te...". Le affermazioni come queste aprono le porte – non le chiudono.

Pensa a cosa ti piacerebbe cambiare, ma pensa anche a come spiegarti al meglio – essere diretto e onesto, senza puntare il dito. Il **dialogo** è l'elemento cruciale; senza confronto è impegnativo trovare un modo di migliorare o rafforzare la vostra intesa.

Abbiamo detto che il tempismo è importante, perciò ora scegli un momento con cura. Devi sentirti tranquillo e avere tutto il tempo dedicato. Non nel bel mezzo del caos ma in un'occasione qualsiasi come quando vi trovate tranquilli dopo cena... nessuna distrazione. Poter dire "La prossima settimana, prendiamo un po' di tempo per noi, parliamoci" evita che questo momento essenziale venga spinto sotto il tappeto tra terminare e mandare messaggi multitasking.

Forse potresti anche proporre un momento fisso per questo tipo di verifica periodica – tipo una sera a cadenza mensile giusto per parlare dei vostri momenti migliori e anche delle cose meno piacevoli da affrontare. Stringi i confini che contano davvero, creare un ambiente più positivo porta benefici reciproci incredibili.

Sii gentile con te stesso e il tuo partner, non esiste perfezione assoluta, solo veri tentativi di mostrare il meglio di noi in ciò che vogliamo proteggere.

In conclusione

Questo capitolo ti insegna l'importanza di stabilire e mantenere dei **confini** sani nelle relazioni romantiche. Questi confini non solo proteggono la tua individualità, ma rafforzano anche il legame con il tuo partner, creando una base solida di **rispetto** e **fiducia**. Durante la lettura, hai incontrato consigli pratici e tecniche utili per affrontare le diverse fasi di una **relazione**.

In questo capitolo hai visto quanto i confini siano cruciali per creare fiducia e **intimità** in una coppia. Hai imparato come stabilire confini fin dall'inizio possa prevenire futuri conflitti e l'importanza di mantenere la tua **identità** all'interno della relazione. Ti sono state presentate le difficoltà comuni nei rapporti a lungo termine e come ridefinire i confini. Infine, hai avuto modo di svolgere un esercizio pratico per valutare lo stato attuale dei tuoi confini relazionali.

Impegnarti ad applicare quanto appreso in questa lettura ti permetterà non solo di costruire una relazione più stabile e sana, ma anche di migliorare la tua **felicità** personale. Ogni piccola azione che deciderai di intraprendere per riconoscere e rispettare i tuoi confini, porterà a una crescita reciproca nel rapporto di coppia. Affronta il tema con **apertura** e determinazione, e vedrai i benefici nella tua relazione.

Capitolo 11: Confini sul posto di lavoro

Hai mai avuto quella sensazione **fastidiosa**, come se qualcuno stesse violando uno spazio che dovrebbe essere solo tuo, anche al **lavoro**? Beh, lo capisco. E so quanto possa essere complicato trovare quell'**equilibrio** giusto tra rimanere professionale e mantenere la tua serenità personale. In questo capitolo, ti porterò a riflettere su come puoi proteggere quei **confini** importanti con i colleghi o i superiori. Ti guiderò nell'impostare dei **limiti** chiari, non solo per la tua vita lavorativa ma anche per preservare quel delicato e prezioso equilibrio tra lavoro e vita personale. Magari ora ti starai chiedendo cosa fare quando qualcuno attraversa questi confini... Beh, proprio di questo parleremo! Ah, e per rendere tutto più pratico, troverai **esercizi** per mettere in atto quello di cui chiacchiereremo. Fidati, ne varrà la pena.

Ti fornirò **strumenti** concreti per gestire situazioni in cui i tuoi confini vengono messi alla prova. Impareremo insieme come comunicare in modo **assertivo** senza compromettere i rapporti professionali. Ricorda, stabilire confini sani non significa essere scortese o poco collaborativo, ma piuttosto creare un ambiente di lavoro più rispettoso e produttivo per tutti.

Confini professionali vs. Confini personali

Spesso ti **confondi** tra quello che è il tuo spazio personale e quello lavorativo. Cioè, si sovrappongono. Ti è mai capitato? A me sì, e posso dirti che può diventare piuttosto complicato. Mentre i confini personali ruotano attorno all'**individualità** e alle relazioni che coltiviamo, quelli professionali sono più legati a come ci rapportiamo nel contesto lavorativo – con il capo, i colleghi, e talvolta anche con i clienti.

Nei confini personali c'entrano le **emozioni**, i sentimenti, e come scegli di gestirli con gli altri. Parliamo del tuo spazio fisico o mentale, del tuo tempo libero, e delle tue relazioni sociali o familiari. Insomma, tutto ciò che ti fa sentire... te stesso. Il punto è che sono definizioni che vengono da te e solo tu puoi decidere dove mettere il limite.

Ora, invece, pensa ai confini professionali: sono quelli che ti aiutano a mantenere una certa distanza nel contesto lavorativo, quella che ti serve per mantenere il **rispetto** reciproco. Qui si parla della tua disponibilità oraria, del modo in cui un collega deve rivolgersi a te, dell'equilibrio nello scambio di idee durante una riunione. Quando non esistono o non vengono rispettati, può venire a mancare il rispetto verso di te e il tuo lavoro. Ed è un caos.

Detto questo, perché ci vogliono confini così chiari in ambito professionale? Ci sono alcuni motivi in particolare. Se hai confini ben definiti, le persone alla fine sapranno come **interagire** con te. Si crea una sorta di "campo da gioco" con regole chiare – ed è ciò che fa la differenza per creare un ambiente positivo. Sai quando tutti sanno cosa aspettarsi dagli altri? Ecco, lavorare diventa più semplice e anche tu riesci a dare il meglio di te perché sai che non ti verrà richiesto di fare più di quello che puoi umanamente fare.

Tieni a mente: un clima di rispetto reciproco gioca un ruolo fondamentale nel lavoro di **squadra** e nella produttività. Eviti di perdere tempo dietro a malintesi e incomprensioni, stringi rapporti di collaborazione più solidi, e non devi spendere energie a difendere i tuoi confini ogni giorno. È un po' come avere dei muri trasparenti:

tutti vedono le tue intenzioni, e c'è meno rischio che qualcuno invada il tuo spazio.

Ma come fai a creare questi confini, soprattutto quando i limiti tra vita lavorativa e vita privata sono sempre più sfumati? Ecco dove entra in gioco quella che io chiamo la "Mappa dei Confini Lavoro-Vita." Andiamo al sodo: delineare chiaramente questa mappa ti aiuta a stabilire quando è tempo di **lavorare** e quando è tempo, finalmente, di rilassarti. Basta con quelle email a tutte le ore o la sensazione di dover essere sempre disponibile. Ogni parte della tua giornata dovrebbe avere i suoi limiti.

Quanta energia risparmieresti se riuscissi davvero a evitare le "sorprese indesiderate"? Tipo quelle telefonate la notte per "impellenti necessità lavorative", tutte cose che potevano essere risolte tranquillamente uno-due giorni prima, con un po' più di rispetto dei tuoi confini. Il primo passo è proprio dire "Basta!". Semplice, ma potente... dì no senza paura, perché già definire l'orario in cui sei disponibile e quello in cui non lo sei, è un grande inizio. Hai il **controllo** della tua vita e chiari confini fra lavoro e casa possono essere il miglior alleato per mantenere quell'equilibrio.

Stabilire dei limiti con colleghi e supervisori

Hai mai provato a **comunicare** con qualcuno al lavoro, ma non riuscivi a far capire quello che ti serviva davvero? Questa è esattamente la situazione in cui stabilire dei **limiti** può fare la differenza. È fondamentale riuscire a esprimere chiaramente i nostri confini. Capire come trasmettere questi limiti con i colleghi è cruciale per mantenere un **ambiente** di lavoro equilibrato e rispettoso.

Partiamo dalle basi. Quando parli con i colleghi, è importante essere diretto ma anche gentile. Immagina una conversazione in cui dici:

"Ascolta, capisco che sei coinvolto in questo progetto, ma ho bisogno di un po' di spazio per **concentrarmi** meglio." Noti come il messaggio viene trasmesso senza risultare aggressivo? È questo tipo di approccio che facilita la creazione di un ambiente dove i limiti vengono rispettati facilmente. A volte basta un piccolo cambiamento nel modo in cui ti esprimi per fare una grande differenza. E se ti sembra difficile, pensa che a lungo termine ne trarrai solo beneficio.

Ma cosa succede quando nonostante le tue migliori intenzioni, qualcuno supera comunque quei limiti? In questi casi, la **professionalità** deve essere la tua guida. Potresti dire qualcosa come: "Capisco che sei sotto pressione, ma quando continui a inviarmi messaggi fuori orario, mi trovo in difficoltà." Oppure, con i superiori, potresti optare per un approccio ancora più formale, mantenendo sempre quel mix di fermezza e rispetto che non lascia spazio a malintesi. È tutta una questione di trovare un equilibrio tra difendere te stesso e mantenere il rispetto reciproco.

A volte però non basta una frase casuale. Serve un approccio più strutturato. Qui entra in gioco l'idea di avere una "**Dichiarazione dei Limiti Professionali.**" E cos'è questa esattamente? Beh, potrebbe essere una semplice affermazione che racchiude ciò che sei disposto o meno a fare al lavoro, come una sorta di guida personale. Per esempio, potresti dire: "Preferisco limitare le discussioni di lavoro alle ore d'ufficio per preservare il tempo personale." Questo è un bel modo di rimarcare i tuoi limiti, mostrando contemporaneamente cooperazione e chiarezza. Anche se non è sempre facile, adattare una dichiarazione di questo tipo al contesto lavorativo può rivelarsi un'arma vincente per rinforzare le tue posizioni.

Ovviamente, non devi recitare questa dichiarazione alla lettera ogni volta, ma averla bene in mente ti darà la **sicurezza** necessaria per gestire, e minimizzare, le violazioni future dei tuoi limiti. Avere questo tipo di preparazione è come essere in grado di prendere il controllo su una situazione prima che diventi difficile da gestire. Davvero è la chiave del successo.

E tutto tende a essere collegato. Quando comunichi i tuoi limiti chiaramente con i colleghi, stai già costruendo quella base che si estenderà in tutta l'azienda, includendo i tuoi rapporti con i supervisori. Ma per arrivare a questo, devi partire da qualche parte, ed è fondamentale essere sicuro di te stesso e delle parole che scegli di usare.

Alla fin fine, il **lavoro** non è solo fatica, ma anche far valere la tua personalità, senza mai lasciare che qualcuno limiti quello che sei. E questo inizia da piccoli passi – come stabilire e mantenere il tuo contorno – sia con i colleghi che con i superiori.

Bilanciare i confini tra lavoro e vita privata

Hai presente quella sensazione di essere sempre al **lavoro**, anche quando sei a casa? È come se il confine tra lavoro e vita privata si stesse sfumando. E questo... beh, non va bene. Stabilire confini chiari tra lavoro e vita privata è davvero l'unico modo per evitare di sentirti **esaurito** e senza energie. Inoltre, quando questi confini sono ben fatti, noterai che riesci a essere più **produttivo**. È curioso come, riducendo il tempo dedicato al lavoro, finisci per fare di più.

Immagina, per esempio, di fissare un orario preciso in cui devi smettere di lavorare ogni sera. Sai che dopo quell'orario, il resto della serata è solo per te. Una cena tranquilla, magari un film, una passeggiata, o semplicemente leggere un libro. Questo non solo ti dà una pausa mentale, ma in qualche modo riesci anche a dare il massimo durante il giorno, sapendo che ci sarà un momento di **riposo** in seguito. Il cervello lavora meglio con un ritmo: attività e riposo, lavoro e svago. Troppo di una cosa sola, e beh, si va in tilt.

Come si inseriscono i confini **digitali** in tutto questo? Sono il pilastro. Nell'era dove il lavoro ti segue ovunque grazie ai dispositivi elettronici, è diventato fondamentale sapere quando staccare. Ricordi quando, una volta, il lavoro finiva quando te ne andavi dall'ufficio? Oggi sembra che il tuo ufficio ti segua a casa sotto forma di notifiche email sul cellulare, messaggi nei gruppi di lavoro, o addirittura chiamate. Creare confini digitali significa sapere quando spegnere il telefono, chiudere il laptop, e... lasciare il lavoro in ufficio, almeno mentalmente.

Pensa a un modo semplice: imposta il cellulare in modalità "non disturbare" a partire da un certo orario, mantenendo attive le notifiche solo per i contatti strettissimi, famiglia o amici. Oppure, se possibile, scegli di rispondere solo nelle prime ore del mattino. Così, quando ti siedi alla scrivania, sarai già mentalmente preparato per affrontare la giornata senza quel continuo senso di allerta.

Ma come fare tutto questo senza limitarti troppo? Qui entra in gioco l'**integrazione** tra lavoro e vita privata. Non si tratta di mantenere i due mondi totalmente separati, ma di integrarli in modo armonico. È capire che, a volte, mescolare i tempi può portare a un maggiore **equilibrio**. Ad esempio, se una mattina vuoi dedicare del tempo ai tuoi cari, potrebbe significare lavorare un po' più tardi nel pomeriggio. O magari rispondere a una rapida email mentre sei fuori a prendere un caffè. Sta tutto a ridistribuire le energie durante la giornata.

Questa integrazione non è affatto permissiva, ma piuttosto flessibile. Sai che, nel complesso, il bilancio tra attività proattive e momenti più distesi è costantemente mantenuto, senza rinunce. Richiede, certo, un po' di pratica. Ma una volta trovato il tuo ritmo, noterai che non torneresti indietro al vecchio schema rigido di ore lavorative contro pause preconfezionate.

Muovendoti tra questi tre concetti, ti accorgerai che l'obiettivo principale è evitare di bruciare tutte le energie in maniera sconsiderata, distribuendole con intelligenza e a tuo favore. In effetti bilanciando, e non separandoli brutalmente, lavoro e vita privata si rafforzano a vicenda in modi che probabilmente non avevi immaginato. La chiave sta nel trovare il tuo personale **equilibrio**, adattandolo alle tue esigenze e a quelle del tuo lavoro.

Affrontare le violazioni dei confini sul lavoro

Sul posto di lavoro, succedono spesso piccole **violazioni** che sembrano innocue, ma in realtà danneggiano il benessere di tutti. Immagina situazioni come un collega che ti interrompe continuamente quando sei concentrato su un progetto. Ti suona familiare? O magari capita che ti trovi a fare il lavoro di qualcun altro perché "sei così bravo e veloce." Insomma, sono tutte cose che, alla lunga, logorano la tua **energia** e il tuo entusiasmo.

La verità è che le violazioni dei confini sottili come queste hanno un impatto più grande di quanto possa sembrare all'inizio. Portano a una sensazione crescente di **frustrazione** e stanchezza, riducendo anche la motivazione e il senso di appartenenza. Semplicemente, queste situazioni creano dell'amarezza, perché ti fanno sentire non rispettato. E quando ti senti usato e non valorizzato, questo non è affatto positivo—né per te, né per l'ambiente in cui lavori.

Ma cosa puoi fare quando ti trovi a fronteggiare queste situazioni? Sì, c'è molto che puoi fare, in realtà. E non devi fare tutto da solo. Qui entrano in gioco le **risorse umane** e le politiche aziendali.

L'ufficio delle risorse umane e le normative dell'azienda dovrebbero essere lì proprio per difendere te e i tuoi diritti. Hanno il compito di assicurarsi che tutti i dipendenti, tu incluso, lavorino in un ambiente in cui i confini siano rispettati e dove ci si senta a proprio agio. Certo, è facile a dirsi. Però, è davvero il loro ruolo e devono essere coinvolti subito ogni volta che ti senti violato. L'azienda potrebbe avere già delle politiche chiaramente specificate su come gestire queste situazioni. Pensa a qualche riunione sull'inclusione e sul rispetto dell'altro. Non sempre si presta attenzione ai dettagli, specialmente durante le lunghe comunicazioni aziendali. Ma, credimi, ci sono. E devono essere messi in pratica per non far sì che tutti questi piccoli, ma continui, "incidenti" accumulino troppe emozioni negative.

Quindi, manda un'e-mail, chiama o vai di persona per parlare di cosa ti sta infastidendo. E non aspettare che le cose diventino impossibili da gestire.

Ma è probabile che ti stia chiedendo cosa fare proprio in quei momenti imbarazzanti in cui ti trovi a fronteggiare qualcuno che sta oltrepassando il limite. Ecco perché ti propongo un **protocollo** semplice—"Risposta alla violazione dei confini sul lavoro"—che può veramente aiutarti a gestire questi problemi in modo chiaro, ma deciso.

Per prima cosa, resta calmo. Invece di reagire immediatamente, prova a prendere un respiro profondo. Questo ti aiuterà a mantenere lucidità e a riflettere invece di agire automaticamente. Poi, di', sempre in modo gentile, che ti senti a disagio con il comportamento di quella persona. Non è necessario alzare il tono, meglio usare un linguaggio chiaro e diretto, tipo "Mi sta disturbando quando fai così, potresti fermarti?"

Successivamente, se il comportamento continua, rendilo noto a un **supervisore** o al reparto delle risorse umane—quelli di cui parlavamo prima—per fare un'ulteriore segnalazione. Questo farà capire che il problema non è circoscritto solo a te e che deve essere indagato e trattato in modo formale.

Quello che è veramente cruciale, comunque, è restare sempre fedele ai tuoi **valori**. Ogni violazione che lasci passare senza segnalare è un passo verso l'accettazione involontaria dell'inaccettabile. Quando sei chiaro e coerente nel far rispettare i tuoi **confini**, comunichi al resto del mondo che tu meriti rispetto.

Esercizio Pratico: Scenari di Confini sul Posto di Lavoro

Iniziare a impostare dei **confini** nel lavoro può sembrarti un po' complicato, soprattutto se non ci hai mai pensato molto prima. Ma, come tutte le cose nuove, si tratta di fare un passo alla volta. Per cominciare, riconosci e descrivi cinque **sfide** comuni che affronti quando provi a stabilire dei confini al lavoro. Magari ti capita spesso di sentirti sopraffatto dalle richieste del capo, oppure di accorgerti che un collega approfitta continuamente del tuo tempo. O forse, sei uno di quelli che non riesce a dire di no, e finisce sempre con l'accettare più compiti di quelli che può gestire. Elencare queste situazioni concretamente ti aiuta a metterle a fuoco e a prepararti per affrontarle in un modo nuovo.

Hai trovato le tue sfide? Bene, è arrivato il momento di passare al prossimo passo: scrivi una **risposta** professionale per ciascuna situazione che hai identificato, qualcosa che ti permetta di affermare i tuoi confini in modo chiaro e fermo. Per esempio, se hai riconosciuto che un collega abusa della tua disponibilità chiedendoti continue "piccole favori", una possibile risposta potrebbe essere: "Mi farebbe piacere aiutarti, ma in questo momento ho altre priorità a cui devo dedicarmi." Questa affermazione non solo afferma il tuo limite, ma lo fa con cortesia, evitando frizioni inutili. Un'altra situazione potrebbe essere dover dire no a una richiesta extra da parte del tuo capo. In questo caso, puoi provare con: "Capisco l'urgenza, ma ho già diversi impegni in corso che richiedono la mia attenzione. Posso farmene carico se posticipiamo altre attività, oppure possiamo vedere chi altro può occuparsene?". Niente male, vero?

Ora, passiamo alla **pratica**: scrivi le risposte in modo chiaro e professionale, ma non fermarti lì. Prenditi qualche minuto per provarle ad alta voce, davanti allo specchio o magari registrandoti con il telefono. Come ti senti? Le tue parole suonano naturali? Questo passaggio è importante per trasformare le tue risposte da semplici frasi lette a una **comunicazione** fluida e sicura che puoi usare nelle situazioni reali. Allenati fino a sentirti a tuo agio con le frasi che hai creato. Concentrati su ritmo e tono: la professionalità deve rimanere, ma l'idea è staccarsi dal robotismo e abbracciare una comunicazione più calda, più umana.

Il prossimo passo è trovare un collega o un amico con cui fare un po' di **gioco di ruolo**. Questo esercizio ti aiuterà a vedere come le tue risposte si inseriscono nella conversazione reale, permettendoti di modulare espressioni e atteggiamenti. Alternare i ruoli - ora sei tu a essere il collega insistente, ora sei il capo che ti spinge oltre il limite - ti offre una prospettiva diversa e ti prepara meglio a reagire con prontezza e calma. Avendo provato, una parte del nervosismo scomparirà quando sarai di fronte alla realtà. È un po' come prendere confidenza prima di un esame!

Infine, ma non meno importante, dedicati alla **riflessione**. Come ti sei sentito durante l'esercizio? C'è stata una frase che non ha funzionato come ti aspettavi? Pensa ai feedback che potresti aver ricevuto dal tuo collega: sono utili? C'è qualche dettaglio che puoi migliorare? Magari ti rendi conto che in certe situazioni hai bisogno di più assertività; in altre, potrebbe servire un po' più di cortesia. L'importante è continuare a imparare finché non senti che l'approccio che hai affinato veramente ti rappresenta.

Nella vita professionale, costruire e mantenere confini chiaramente definiti è essenziale. Non solo può migliorare il rispetto reciproco, ma anche restituirti la sensazione di avere il **controllo**, che a volte sembra in fuga. Sperimentando questi esercizi nel modo giusto, la tua fiducia può crescere - e comunicare in modo preciso diventerà più facile, giorno dopo giorno.

In Conclusione

Hai esplorato l'**importanza** di stabilire confini chiari sul lavoro, distinguendoli da quelli personali. Garantirti limiti professionali ti permette non solo di mantenere un **ambiente** di lavoro sano, ma anche di migliorare la **produttività** e prevenire il burnout. Per farlo, **comunicare** in modo efficace con colleghi e supervisori è essenziale. Questo capitolo ti ha fornito strategie utili e pratiche esercitazioni per imparare ad applicare tutto ciò nel quotidiano.

In questo capitolo hai visto:

• La differenza tra confini professionali e personali

• Come i limiti al lavoro favoriscono un ambiente sereno

• L'importanza di mantenere l'**equilibrio** tra vita lavorativa e privata

• Modi per affrontare le violazioni dei confini in modo professionale

• L'utilità del "Work-Life Boundary Map" per stabilire e rispettare i tuoi limiti

È chiaro che avere dei **confini** solidi può davvero fare la differenza, non solo per te, ma anche per coloro con cui lavori. Quando metti in pratica ciò che hai imparato, non dimenticare che stai investendo nel tuo **benessere** e in un ambiente lavorativo più rispettoso e positivo. Non avere timore di affermare i tuoi limiti con **convinzione**!

Capitolo 12: Confini nelle Amicizie

Hai mai sentito quella sottile **frustrazione** quando un rapporto diventa troppo impegnativo? Sai, quelle volte in cui senti di dare troppo senza ricevere abbastanza in cambio. Mi succedeva spesso. In questo capitolo, ti farò riflettere su come creare dei **confini** nelle amicizie—quelli sani che proteggono te e il rapporto. Non si tratta di mettere muri, però. Ma piuttosto di capire qual è il giusto **spazio** per crescere senza farsi schiacciare dall'altra persona.

Sono sicuro che anche tu, come me, vuoi che le tue **amicizie** durino nel tempo e che siano **gratificanti**. Per questo, esploreremo insieme come bilanciare le **dinamiche**, identificare le persone tossiche, e come rafforzare ciò che funziona già. Ti piacerà l'**esercizio** finale: pratico e utile per valutare davvero dove ti trovi.

Vedrai che imparare a stabilire dei limiti sani nelle tue relazioni ti aiuterà a costruire **legami** più forti e duraturi. Non si tratta di essere egoisti, ma di prendersi cura di sé stessi per poter essere un amico migliore. Ricorda, un'amicizia equilibrata è come una danza: entrambi i partner devono muoversi in armonia, rispettando lo spazio dell'altro.

Definire i confini sani dell'amicizia

Quando si parla di **amicizie**, una cosa fondamentale è stabilire dei confini chiari. Ma cosa sono esattamente questi "confini" in un'amicizia? Beh, sono le linee invisibili che definiscono ciò che è accettabile e ciò che non lo è. In poche parole, sono quei limiti che, se rispettati, garantiscono una relazione sana e duratura. Una buona amicizia si fonda su un **equilibrio**: i confini servono proprio a mantenere quest'equilibrio. Se da un lato è bello condividere, dall'altro è importante che ognuno abbia i propri spazi.

Quando non ci sono confini, si rischia che l'amicizia diventi opprimente, soffocante. Magari il tuo amico chiama a ogni ora o si aspetta il tuo supporto sempre, senza considerare i tuoi impegni o, semplicemente, il tuo bisogno di ricaricarti. Ecco, qui entra in gioco l'importanza dei confini. Per poter mantenere una relazione serena e positiva, dove ognuno rispetta l'altro, occorre sapere dove fermarsi. E tu, invece, devi saper dire "no" dove necessario, senza sentirti in colpa.

Ma come influiscono i confini chiari sulla **fiducia** e il **rispetto** tra amici? Beh, in modo davvero positivo! La fiducia cresce quando entrambi vi sentite al sicuro sapendo che i rispettivi limiti sono rispettati. E il rispetto? Beh, diventa una parte naturale della relazione. Quando tu e il tuo amico sapete esattamente quali sono i confini, c'è meno spazio per fraintendimenti e tensioni. Per esempio, se sai già che prendere determinate decisioni alle spalle dell'altro non è accettabile, ci pensi due volte prima di farlo. Questo tipo di chiarezza stabilisce automaticamente una base più solida per la vostra amicizia.

Passiamo ora alle basi per stabilire questi confini. Cosa serve davvero per disegnare confini sani in un'amicizia? Innanzitutto, la **comunicazione** è chiave. Non puoi aspettarti che il tuo amico indovini cosa è giusto per te — devi essere diretto e chiaro. Parlate apertamente dei vostri bisogni, paure e limiti senza paura di essere giudicati o fraintesi. Poi, stabilisci i tuoi limiti interni. Come? Prendendoti del tempo per riflettere su cosa tu sia o non sia disposto ad accettare.

Quando hai individuato i tuoi confini, non avere paura di mantenere la tua posizione, anche quando è difficile. Né la colpa, né l'insistenza dell'altro devono farti vacillare. Infine, accordatevi reciprocamente il diritto di rinegoziare i confini man mano che l'amicizia evolve. È importante? Sì, perché proprio come un rapporto vive e cresce, così anche i confini possono cambiare col tempo.

In definitiva, stabilire confini chiari non significa mettere **barriere** insormontabili, ma piuttosto creare uno spazio sicuro dove entrambe le parti possono crescere, rispettarsi e fidarsi l'una dell'altra. Con le giuste basi, un'amicizia può diventare davvero preziosa e duratura, senza divenire un peso o fonte di **stress**. Sì, ci vuole un po' di **coraggio** e molta **onestà**, ma i risultati valgono davvero lo sforzo!

Affrontare gli squilibri nelle amicizie

Parliamoci chiaro: tutti vogliamo **amicizie** che siano di supporto, stimolanti e soprattutto equilibrate. Ma a volte, le cose vanno un po' storte e magari ti ritrovi da un lato sentendoti lasciato indietro o usato. Gli **squilibri** nelle amicizie sono facili da notare. Forse ti accorgi che sei sempre tu a iniziare le conversazioni, a organizzare incontri, o a dare una mano quando c'è un problema. E loro? Magari spengono una conversazione dopo solo un paio di risposte, o sembrano presenti solo quando hanno bisogno di qualcosa. Ti suona familiare?

La questione è che, dopo un po', ti rendi conto che quella che pensavi fosse un'amicizia reciproca, è più un'operazione a senso unico, guidata tutta da te. Cominci a sentirti come se fossi sempre disponibile per loro e mai il contrario. E quando accade qualcosa di positivo nella tua vita, loro ci sono per **festeggiare**? Oppure, spariscono misteriosamente? Un'amicizia dovrebbe essere, per la maggior parte, una strada a doppio senso. Se non lo è, potrebbe essere il momento di intervenire.

Appena ti rendi conto che c'è uno squilibrio, il prossimo passo è difficile ma necessario: **parlarne**. Discutere della reciprocità — suona strano, lo so — è complicato perché nessuno vuole mostrarla come una sorta di contabilità emotiva ("io ho fatto tot per te, quindi ora fai qualcosa per me"). Ma se nel cuore senti di fare un gran bel lavoro per loro, ecco, non è poi così male chiedere un favore in cambio, anche solo un orecchio disposto ad ascoltare. Durante una conversazione, la cosa principale è essere **sinceri**. Evita accuse dirette o toni accusatori, che rischiano solo di farli mettere subito sulla difensiva. Invece, condividi i tuoi sentimenti: "Sento che ci vediamo solo quando organizzo io. Mi piacerebbe che fossimo più attenti anche alle mie esigenze." Così facendo, butti giù il muro e iniziate a costruire insieme un terreno più bilanciato.

Una transizione in questo tipo di dialogo passa spesso per il semplice fatto di mettere l'altro in discussione: "Qual è la tua **opinione**?" Quella richiesta di dialogo comincia ad andare più in profondità, e permette a entrambi di capire che c'è magari qualche lato della storia che ancora non hai conosciuto. Ma se il problema persiste? Andando più a fondo, potresti introdurre la "tecnica di **riequilibrio** dell'amicizia." Suona un po' tecnica, sì, ma mettendo in pratica il concetto, vedrai risultati notevoli.

Affinare l'"equità" nella tua amicizia comporta definire nuovi equilibri e discuterne insieme. Ponete piccoli **obiettivi**, come ad esempio decidere di alternarvi nell'organizzazione delle uscite o bilanciare meglio le richieste di aiuto. Non cercare di forzare le cose né di essere troppo rigido. Niente contabilità ossessiva, solo un sano riequilibrio. Quello che conta è che entrambi vi sentiate a vostro agio. Stando in una posizione più equilibrata, vedrai che l'amicizia ne trarrà beneficio. Non esitare a comunicare apertamente e a ristrutturare la relazione se necessario. Con un po' di impegno e **pazienza**, riuscirai a creare un'amicizia più equa e soddisfacente per entrambi.

Stabilire dei limiti con gli amici tossici

Capire quando un amico sta portando **tossicità** nella tua vita non è sempre facile. A volte ti abbaglia un passato condiviso o la speranza che le cose migliorino, e tendi a ignorare quei segnali d'allarme che invece sono lì, davanti ai tuoi occhi. Ma quali sono questi segnali? Per cominciare, ci sono certe dinamiche che iniziano a pesare, che ti fanno sentire svuotato, insoddisfatto o sotto pressione. Magari si tratta di amici che ti fanno sentire sempre in colpa, che non rispettano i tuoi spazi o che non mostrano mai empatia quando stai passando un periodo difficile. Oppure quelli che sono costantemente negativi, criticando ogni tua scelta, persino le cose più piccole. Ti capita per caso di sentire **ansia** o stress al pensiero di incontrarli? Questo non è affatto un buon segno.

E poi ci sono quelli che pretendono sempre qualcosa da te, come se fosse scontato che tu debba risolvere i loro problemi o ascoltare le loro continue lamentele, senza preoccuparsi mai di come stai realmente vivendo quel momento. Una vera **amicizia** si costruisce sul rispetto e sulla reciprocità, ma in questo tipo di rapporto questi elementi sembrano mancare.

Ma arriviamo al punto. Riconoscere questi comportamenti senza fare nulla non migliorerà la situazione. È qui che entra in gioco l'importanza di stabilire **limiti** chiari e fermi. Non devi per forza troncare ogni rapporto alla minima difficoltà, puoi semplicemente tracciare una linea su cosa è ammissibile e cosa no. Diciamo che metti un punto fermo per proteggerti da un abuso emotivo o manipolazione. Importante non sentire rimorso. Ricorda: quei limiti fermano/emarginano i comportamenti che ti feriscono mentre preservano lo spazio per le relazioni genuine.

Ora, diciamo che comunichi questo in modo gentile ma deciso. Non è necessario essere brusco; è più una questione di affermare la tua posizione con serenità e **sicurezza**. D'altra parte, sei tu che hai il diritto di definire ciò che è accettabile o no nei rapporti che coltivi nella tua vita.

Passiamo al "Copione per i Limiti con Amici Tossici". Questo è un semplice esempio di come puoi affrontare situazioni sgradevoli con questi amici—e sì, funziona davvero. Immaginiamo una scenetta. Facciamo finta che un amico metta continuamente in dubbio le tue scelte, per esempio: "Non credo sia una buona idea, hai già fallito in passato su questo tipo di cose...". **Respirare** profondamente serve a mantenerti calmo, e ti conviene rispondere con parole tipo: "Apprezzo che tu voglia esprimere la tua opinione, però preferirei che tu evitassi di riprendere esperienze passate; preferisco concentrarmi su quello che posso fare ora". Puoi anche aggiungere: "Mi sta a cuore che tu capisca come mi sento quando fai questo tipo di osservazioni."

Più che altro, l'importante è dare il giusto peso alle situazioni. Ci sono persone che potrebbero non capire all'inizio quello che stai cercando di esprimere, ma stabilire limiti chiari deve partire dall'amorevole **cura** di sé.

Mostra **sensibilità** quando poni questi limiti, con amici realmente importanti. Inaspettatamente, potresti scoprire che questi confini miglioreranno la relazione. Dai, ci riuscirai!

Coltivare le amicizie mantenendo i confini

Le amicizie vere sono profondamente **arricchite** dai confini, anche se all'inizio potrebbe sembrarti il contrario. Stabilire dei limiti nelle tue relazioni significa rispettare sia te stesso che l'altra persona. Ti aiuta a **comunicare** ciò che è importante per te, a mantenere la tua autostima e a creare un terreno fertile per la fiducia reciproca. Quando qualcuno rispetta i tuoi confini, questo rafforza il legame tra voi perché si basa sulla trasparenza e la comprensione. Alla fine, questo rende la vostra amicizia non solo più forte ma anche più **autentica**. Quando parli dei tuoi bisogni e dei tuoi limiti, dai all'altro la possibilità di essere un vero amico, qualcuno che ti rispetta e ti apprezza per quello che sei davvero.

Molti pensano che l'idea di stabilire confini in un'amicizia possa sembrare un po' fredda o distante. Ma in realtà è esattamente il contrario. I confini servono per creare una zona **sicura** dove entrambi possiate essere voi stessi senza paura di invadere lo spazio dell'altro. Quando sai fino a dove puoi spingere una discussione, un consiglio o una battuta, eviti di ferire involontariamente i sentimenti dell'altra persona. Questo rinforza l'amicizia, creando un terreno condiviso dove la relazione può crescere in profondità e autenticità. Quindi, invece di allontanarti, i confini ti avvicinano a chi conta davvero nella tua vita.

Ma, come in tutte le cose buone, occorre trovare un **equilibrio**. Da una parte, vuoi mantenere un certo grado di apertura e vulnerabilità, perché questo è fondamentale per un'amicizia stretta. Dall'altra, è essenziale non dimenticare i tuoi confini personali. Tenere troppo salde le redini può creare una distanza invisibile, come se stessi costruendo un muro intorno a te. Al contrario, abbassare completamente la guardia può portare a incomprensioni o a sentimenti di sfruttamento. È come un gioco molto delicato: non vuoi sembrare troppo chiuso, ma non vuoi nemmeno lasciare che tutto sia a disposizione. Il trucco sta proprio qui: sapere quando e come tracciare queste linee invisibili.

Immagina di camminare su una corda sottile. Da un lato c'è l'apertura totale e dall'altro c'è il chiudersi completamente. Passo dopo passo, impari a bilanciare le tue emozioni, le tue parole e le tue azioni mantenendo salda la tua **identità**. In un'amicizia intima, questo è particolarmente importante. Solo così puoi sentire di essere veramente te stesso, senza far finta di essere qualcuno che non sei, o imponendoti qualche maschera per adattarti meglio. La chiave è trovare quel punto d'incontro dove ti puoi sentire al sicuro e insieme permetti al tuo amico di sentirsi altrettanto libero.

Da qui nasce una strategia molto potente: **nutrire** le amicizie con la consapevolezza dei confini. Si tratta di un processo continuo, non di un'unica azione. Inizia tutto dal rispetto, una carta che andrebbe sempre giocata per rendere l'amicizia un luogo di crescita. Significa offrirti in tutta la tua autenticità, sì, ma con dei paletti che guidano e indirizzano la profondità della relazione. È sapere mostrando rispetto e accoglienza ai confini altrui.

Passo dopo passo, impari a coltivare le relazioni man mano che crescono, avendo cura delle radici—quelle della fiducia reciproca e del rispetto—mentre permetti anche ai confini sani e robusti di essere parte di quel terreno. Un'amicizia nutrita in **consapevolezza** non solo dura nel tempo ma cresce in modo sano. È capace di affrontare le sfide della vita e resistere al logorio del quotidiano.

Esercizio pratico: Valutazione dei confini dell'amicizia

Spesso non ci pensi, ma i **confini** nelle amicizie sono importanti quanto quelli nelle relazioni romantiche o familiari. Potresti aver notato quella fastidiosa sensazione quando un amico ti chiede troppo o si avvicina troppo ai tuoi spazi personali senza volerlo. Dunque, è il momento di fare il punto della situazione. Non è complicato... devi solo pensare a chi ti è vicino.

Per iniziare, elenca i cinque **amici** che consideri più importanti nella tua vita: quelli che senti regolarmente o che ti sono stati accanto nei momenti difficili. Una volta scritti, accanto a ogni nome, assegna un valore da 1 a 10 per valutare la salute dei confini con quella persona, dove 1 indica confini estremamente sfocati e 10 che sono ben definiti. Fallo basandoti sulle tue **emozioni** e percezioni, perché nessuno conosce meglio di te la dinamica con ognuno dei tuoi amici.

Ora, identifica eventuali **problemi** o squilibri. È su questi che dovresti concentrarti per migliorare queste amicizie. Chiediti: "Ci sono delle situazioni che mi fanno sentire usato, o dove penso di star dando molto più di quanto riceva?" oppure "Sento che alcuni amici chiedono troppo del mio tempo senza tenere conto dei miei bisogni?" Se una certa pressione o necessità di compiacere salta subito all'occhio, è segno che c'è uno squilibrio nei confini.

Trova una **strategia** per rimediare. Qui devi identificare per ogni problema uno specifico confine che vuoi stabilire o rafforzare. Qualcosa di chiaro e non ambiguo. Ad esempio, se un amico insiste a voler uscire nel weekend quando tu vorresti restare a casa, potresti fissare il confine della tua disponibilità ad incontri solo una volta al mese. Oppure, se c'è un amico che tende a condividere troppi dettagli scomodi della tua vita con altri, è essenziale far capire che preferisci che certi argomenti non vengano discussi in tua assenza. Sembra semplice, ma richiede una buona dose di **autoconsapevolezza**!

A questo punto, pianifica la **comunicazione**. Molti trovano difficile comunicare i propri confini, temendo che l'amicizia possa risentirne. Il consiglio? Sii gentile, ma diretto. Pensa al modo in cui comunicherai con gentilezza, ma senza ambiguità. Potresti dire qualcosa di semplice come: "Ci tengo molto alla nostra amicizia e per questo ti chiedo di rispettare questo mio nuovo limite." Certo, potrà sembrare un po' strano all'inizio, ma a lungo andare potrebbe rafforzare il rapporto.

Infine, prenditi del **tempo** per affrontare questi problemi di confine e, eventualmente, rivalutare l'amicizia. Anche i cambiamenti necessitano del loro tempo. Decidi un lasso di tempo in cui sarai paziente nel vedere le risposte dei tuoi amici a questi nuovi confini. Una revisione dopo, diciamo, un paio di mesi potrebbe aiutarti a vedere come le cose sono cambiate e se i tuoi amici hanno accolto positivamente i tuoi nuovi limiti.

Se tutto questo ti sembra troppo, ricorda che è soltanto un gesto di rispetto per te stesso. Sei una persona meravigliosa... e meriti di circondarti di persone che rispettano chi sei!

In Conclusione

Questa porzione del libro ti ha guidato attraverso l'**importanza** di stabilire limiti chiari e salutari nelle **amicizie**, per mantenerle forti e rispettose. I **confini**, infatti, non sono sinonimo di distanza; anzi, servono a proteggere e a rafforzare i **legami** tra le persone.

In questo capitolo, hai visto quanto sia fondamentale stabilire confini per conservare l'armonia nelle amicizie. Hai scoperto come questi siano utili nel mantenere il **rispetto** reciproco tra amici e quali siano i segnali che indicano uno squilibrio nei rapporti d'amicizia. Inoltre, hai imparato come i confini possano anche servire a proteggerti dalle **influenze** negative di amici che non portano il meglio di sé. Infine, hai compreso che i confini non limitano, ma anzi, possono rendere le amicizie più forti e autentiche.

Chiudiamo ricordando che mettere in **pratica** ciò che hai appreso in questo capitolo può fare davvero la differenza nelle tue amicizie. Rispetta te stesso e gli altri creando confini sani: in questo modo anche le tue **relazioni** diventeranno meno pesanti e più piacevoli. Dare valore a te stesso è il primo passo per essere un buon amico e vivere rapporti sereni e sinceri.

Capitolo 13: Mantenere e Adattare i Confini

Hai mai avuto la sensazione che i tuoi **confini** siano come un giardino da curare? Io sì. A volte ci vuole solo una piccola potatura, altre invece servono cambiamenti più radicali, ma in fondo, è sempre un volontario lavoro di **manutenzione**. Anche tu l'avrai notato: le cose nella vita non rimangono statiche e, come succede per uno strumento ben regolato, i tuoi confini hanno bisogno di adattarsi, di essere messi a punto col passare del **tempo**, soprattutto quando vengono infranti.

Sei pronto a migliorare la tua **capacità** di proteggere ciò che per te è importante? Questo capitolo ti guiderà non solo nel fare **controlli** regolari sui tuoi confini ma anche nel **ricostruirli** quando serve e ripararli quando qualcosa va storto. Di sicuro una volta che ci metti mano, potresti capire quanto **gratificante** è celebrare gli **sforzi** che fai su questa strada.

Controlli di Confine Regolari

È facile pensare che una volta stabiliti, i **confini** possano essere lasciati lì, come portoni chiusi alle tue spalle. Ma non è così semplice. La verità è che i confini hanno bisogno di essere controllati, regolati e talvolta anche rinforzati. Questo perché la vita cambia, e con essa, cambiano anche le tue esigenze, i tuoi sentimenti, e i tuoi rapporti. Fare un "**check-in** regolare" sui confini è come controllare una pianta che hai piantato in giardino. Non puoi limitarti a piantarla e lasciarla fare senza più guardarla, no? Ha bisogno di acqua, luce, e magari persino un cambio di vaso se sta crescendo troppo.

Perciò, la tua prima missione è non prendere i tuoi confini come fatti acquisiti, ma come elementi flessibili che possono (e devono) essere rivisti periodicamente. Questa **consapevolezza** è vitale per evitare che i confini diventino troppo rigidi o, più comunemente, troppo sfocati—specie quando le circostanze attorno a te cambiano.

Ora, come potresti approcciarti a questi check-ins? È qui che entra in gioco l'**audit** personale dei confini. Non è dissimile da una piccola manutenzione periodica, proprio come faresti con un'auto o un dispositivo elettronico.

In realtà, fare questo audit non è complicato. Basta prenderti un momento—potrebbe essere una volta ogni tanto, quando senti che le cose stanno iniziando a uscire dai binari. Fai un elenco mentale, o ancora meglio, scrivi su un foglio: Dove senti le maggiori **frustrazioni**? Ci sono situazioni in cui ti senti esausto, sfruttato, messo da parte? E, dall'altro lato, dove ti senti rispettato, sereno, in controllo? Le risposte a queste domande sono le spie emotive che ti indicheranno dove potrebbero essere necessari piccoli (o grandi) aggiustamenti.

Una volta che hai raccolto queste osservazioni, è utile fare una **revisione** mensile dei confini per non lasciarli accumulare polvere. Si tratta di un processo che potresti integrare in una riflessione mensile, magari durante una camminata, o una di quelle serate tranquille in cui tiri le somme della giornata.

Passiamo quindi alla revisione mensile. Immagina che ogni mese tu abbia una sorta di "tagliando" per i tuoi confini: niente di troppo formalizzato, ma sufficiente per annusare l'aria e vedere se c'è odore di fumo prima che l'incendio scoppi. Potresti chiederti: "In quale relazione sto ancora proteggendo i miei limiti? Dove ho lasciato andare qualcosa solo perché era più facile così?" Rispondere a queste domande ti aiuta a capire se i tuoi confini stanno funzionando bene o se qualcosa deve essere aggiustato, come un uccellino che deve re-imparare a volare dal nido.

Ciò detto, capirai bene che mantenere sani i confini è una pratica costante, non un evento singolo. Essere **consapevole** tramite il check-in sicuramente te lo rende più facile lungo il cammino, permettendoti anche di vivere in modo più autentico e sinceramente con i piedi per terra. Sicché, quando fai il tuo prossimo audit o revisione, abbi in mente che qualsiasi modifica farai ti porterà sempre di un passo più vicino al vero te stesso.

Adattare i Confini al Cambiamento della Vita

Quando accadono quei grandi **eventi** che stravolgono tutto, può essere necessario rivedere i tuoi confini. Il **matrimonio**, ad esempio, non è solo l'unione di due persone, ma anche di due mondi diversi, ognuno con i propri limiti. Un rapporto morirebbe sul nascere se non ti adattassi all'altro. Oppure pensa all'arrivo di un **bambino**. Un nuovo figlio cambia totalmente le dinamiche familiari. Prima esistevano certi spazi di libertà, ora invece ogni decisione include qualcun altro – un piccolo essere dipendente. I confini devono cambiare per forza.

Se sei passato attraverso un **divorzio**, anche questo presenta sfide enormi che richiedono riassestamenti nei confini. O semplicemente uno spostamento in un'altra città. Compromessi, compartecipazioni, nuove abitudini e amicizie... ognuno di questi cambiamenti non arriva senza un necessario sondaggio e rimappatura dei confini. Insomma, i grandi cambiamenti della vita ti costringono a ridefinire e adattare i tuoi confini per non trovarti asfissiato in spazi troppo stretti, o troppo ampi, che non ti rappresentano più.

Ogni grande evento è una ragione per riconsiderare dove stanno i tuoi limiti e se vanno spostati. È come se improvvisamente la mappa della tua vita venisse rimescolata – e tu dovessi passare un po' di tempo a orientare la coscienza per risistemare i pali di confine. Forse la domanda è: "Come fai a rievaluare i tuoi confini ogni volta che la vita cambia?". Prendere **coscienza** delle necessità immediatamente emerse è il passo iniziale. Ma serve anche riservarti del tempo per capire fin dove effettivamente sono disposti i tuoi nuovi margini. Insomma, capire dove tu finisci e dove comincia il resto.

Cambiare i confini fa paura: non sai mai esattamente cosa ne verrà fuori – o come verranno recepiti dagli altri. Ma volente o nolente, devi stare al passo coi tempi. Riflettere sul nuovo status quo, essere consapevole di dove far valere un nuovo confine, e essere proattivo nell'attuarlo. Rialza il palo, anche se con insicurezza.

Naturalmente, tutto questo può sembrare piuttosto astratto. Allora, ecco che puoi usare qualcosa come l'"Aggiustamento Confini per Transizioni di Vita". Pronto per essere applicato a ogni nuova fase. Quando senti che il confine che esisteva prima appare sbiadito o troppo ampio, prenditi un momento. Respira. A testa fredda osserva la situazione attuale e poniti alcune semplici domande. Ciò di cui avevi bisogno ieri, è ancora valido oggi? La risposta potrebbe suggerirti di mantenere quel confine esattamente com'è, ma più probabilmente, ti indicherà dei **cambiamenti** necessari.

La tecnica funziona su un processo **dinamico**. Si basa sull'ascolto di sé – e sull'accurata osservazione dell'esterno. Lascia tutto fluire, senza preoccuparti troppo se ciò che decidi sposterà cose o persone con delicatezza oppure più bruscamente. Le transizioni non sono mai perfette. Ripiana a mano a mano che cammini. Raccogli con gusto quel che di nuovo l'esperienza porta, e allargala o restringila secondo necessità. Potrebbe richiedere comuni aggiustamenti, oppure intere ricostruzioni. I cambiamenti della vita sono inevitabili e i confini devono adattarsi agli **eventi** – che lo faccia tu oppure subisca il cambiamento, la scelta è tua.

Ricostruire i Confini Dopo le Violazioni

A volte i **confini** vengono superati. Sì, può succedere anche ai migliori. Magari l'altro non ci fa caso, o forse sei stato tu a non riuscire a comunicarli bene. Fatto sta che, quando i tuoi confini vengono violati, c'è una sensazione di smarrimento, un po' come se un muro invisibile fosse crollato. Ma il trucco è riconoscere quando è successo e sapere affrontarlo a testa alta.

La prima cosa da fare è capire quando i tuoi confini sono stati violati. Quali **segni** ti avvisano? Beh, potresti sentirti improvvisamente arrabbiato, indispettito, o ansioso senza capire bene il perché. È come quando ti rendi conto che qualcosa non va, ma non riesci a metterci il dito sopra subito. Magari l'altra persona ha alzato la voce, ha detto qualcosa di sgradevole, o ha agito in un modo che hai trovato inaccettabile.

E poi, invece di far finta che non sia successo, dovresti prenderlo come un segnale chiaro. Non è facile. Potresti voler soprassedere per evitare **conflitti**, ma in realtà notare quel disagio è il primo passo per capire che c'è stato un vero e proprio sconfinamento. E ricorda, anche semplicemente riconoscerlo per te stesso è già un grande passo avanti. Quando riesci a dire "Sì, qui è stato superato un confine," hai già fatto la metà del lavoro.

Ma come si fa a ristabilire la **fiducia** dopo che è stato violato quel confine? Ci vuole coraggio. Sì, perché devi tornare su quell'argomento, magari affrontare quella persona e chiarire la situazione. Bisogna parlarne. Potrebbe sembrare strano, ma a volte basta davvero un "Ehi, quella cosa che hai fatto/detto mi ha fatto stare male" per cominciare a ricostruire. E no, non si tratta di accusare, ma di condividere come ti sei sentito.

Ma attenzione: non è solo questione di parole. I fatti contano! Dopo aver parlato, devi osservare attentamente. Stai cercando delle **azioni** che dimostrino un impegno a rispettare quei confini, perché le parole senza azioni... beh, sono solo aria. E se vedi quei passi concreti, allora è più facile ripristinare gradualmente quella fiducia perduta. Sì, ci vorrà tempo, ma con pazienza e l'impegno reciproco, è possibile.

E ora, cosa fare per rafforzare quei limiti una volta ricostruiti? Ecco un piccolo piano di "ricostruzione dei confini" che ti può aiutare nel processo. Per prima cosa, chiarisci dentro di te quali sono i tuoi limiti. Chiediti: cos'è inaccettabile per te? Cos'è che veramente conta? Quando hai chiaro questo, **comunicare** agli altri diventa più semplice. Non sentirti in dovere di spiegarti nei minimi dettagli, basta essere chiaro e fermo.

Dopo aver comunicato, ricorda di rimanere vigile. Non stai aspettando di essere tradito, ma nemmeno stai chiudendo gli occhi. Sei **consapevole** del processo in corso e mantieni attenzione verso questi confini che stai cercando di proteggere. Infine, non aver paura di fare aggiustamenti. Un confine che forse era troppo morbido una volta, potrebbe aver bisogno di essere rafforzato. O viceversa, magari ti accorgi che certi confini potevano essere meno rigidi.

Quindi, prendi questo come un segno che sei sempre in un processo di **crescita**. Non si tratta solo di proteggere te stesso, ma anche di dare valore al rispetto e alla connessione migliore con gli altri. Forse all'inizio sembrerà un po' forte... ma a lungo andare sentirai davvero la differenza!

Celebrando i Successi dei Confini

Ogni passo che fai per fissare i tuoi **confini** è un progresso, e questo va sicuramente riconosciuto. Forse hai detto "no" per la prima volta a un collega che chiedeva troppo del tuo tempo, o magari hai finalmente espresso la tua opinione in una discussione familiare. Non importa quanto piccolo possa sembrare il gesto—è un grande

risultato, e merita di essere celebrato. Prenderti il tempo per notare questi successi può fare una differenza incredibile per il tuo benessere e stabilisce una base più solida per i tuoi futuri confini.

Perché? Semplice. Riconoscendo il tuo **progresso**, rinforzi l'idea che stabilire confini sia una parte importante della tua vita. Come nell'imparare qualsiasi nuova abilità, la pratica costante e la celebrazione delle conquiste contribuiscono a rendere l'intero processo più naturale e sostenibile. Quando celebri questi traguardi, mandi un messaggio potente al tuo cervello—aumenti la probabilità di ripetere il comportamento. Se riesci a trasformare la creazione dei confini in un'**abitudine**, avrai continuamente meno difficoltà a farlo, perché ogni volta che lo farai ti ricorderai di come ti sei sentito quando ne hai rispettato uno.

Inoltre, festeggiare i tuoi traguardi non è solo una buona idea da un punto di vista mentale, è anche semplicemente gratificante. Prenditi il tempo per apprezzare te stesso, sia che si tratti di regalarti una passeggiata, di prendere un caffè in tranquillità o di concederti qualche minuto di puro relax. Ogni piccola celebrazione ti ricorda quanto vali.

E quando tutto questo diventa normale, è più semplice continuare a fare **progressi**. Quasi come si dice, fai più fatica a farla lunga che a portarla avanti. Crei una specie di circolo virtuoso: agisci, festeggi, ti motivi, e continui. I tuoi traguardi, piccoli o grandi che siano, diventano il carburante per andare avanti.

Ora, già che parliamo di celebrare, vale davvero la pena tenere traccia di queste vittorie, non credi? Qui può entrare in gioco il cosiddetto "**Registro** delle Vittorie sui Confini". È un'idea semplice, ma tremendamente efficace. Prendi una volta ogni tanto—fine settimana, fine mese, come preferisci—per scrivere tutte le volte che hai rispettato i tuoi limiti. È come tenere un diario, ma ancora più diretto al punto. Metti nero su bianco questi momenti: "Oggi ho detto no a __," "Mi sono preso tempo prima di rispondere a ____," "Ho passato una serata senza pensare al lavoro," cose così.

Questo piccolo quaderno, o documento nelle note del telefono, diventerà una collezione delle tue conquiste. Immaginalo come una specie di album dei ricordi, ma per tutti i successi che hai vergognosamente dimenticato di riconoscere lungo il tragitto. E quando avrai dubbi, quando sentirai la tentazione di lasciar perdere—rileggilo. I tuoi passati successi serviranno come promemoria tangibile delle tue capacità e influenzeranno positivamente il modo in cui ti confronti con le sfide future.

Il Registro rappresenta anche un ottimo strumento per renderti conto di quanto lontano sei arrivato. Magari pensi di non aver fatto molto in queste ultime settimane, ma rileggendo ciò di cui sei stato capace ti accorgerai che non solo sei sulla strada giusta, ma sei andato molto più avanti di quanto credessi.

E sai una cosa? Avere questa **consapevolezza** ripaga. Sì, ogni tanto, fa piacere dare una pacca sulla spalla a te stesso. Forse non si risolve tutto con un po' di elogio, ma decisamente aiuta. E fornire a te stesso queste motivazioni visive e tangibili sarà il miglior regalo che puoi fare per rafforzare i tuoi futuri confini.

Alla fine, il riflettere sui traguardi già raggiunti influenza profondamente il modo in cui affronti le sfide future, non trovi? Vedrai. Solo iniziando a riconoscere, celebrare e tracciare tutto passo dopo passo, la gestione dei tuoi confini si rafforzerà senza che te ne accorga neanche.

Esercizio pratico: Creare il tuo piano di mantenimento dei confini

Bene, è ora di mettere in pratica tutto ciò che hai imparato finora. Andiamo per gradi, perché **organizzare** i confini non è solo una questione di stabilirli. Si tratta di mantenerli, aggiustarli se necessario e, soprattutto, di proteggerli. Questo esercizio ti guiderà passo passo nella creazione di un piano efficace per **gestire** i tuoi confini attraverso le varie aree della tua vita. Cominciamo con qualcosa di semplice.

Per prima cosa, elenca i tuoi confini chiave nei diversi ambiti della vita. Devi avere ben chiaro quali sono le tue **priorità**. Pensa ai vari aspetti della tua vita: lavoro, famiglia, amicizie, tempo libero. Dove ti serve tracciare delle linee? Magari al lavoro vuoi evitare che ti contattino fuori dagli orari lavorativi. In famiglia, potresti aver bisogno di separare gli spazi personali, specialmente se vivi sotto lo stesso tetto con altre persone. Fai una lista composta da poche frasi, piuttosto sintetiche ma che catturano l'essenza dei tuoi confini.

Hai preso il punto? Eliminare il caos in questo modo ti dà una visione più lineare. Ora fermati un attimo, respira e preparati per il prossimo passo.

Successivamente, per ogni ambito, identifica le potenziali **sfide** per mantenere questi confini. E qui viene il bello. Avere dei confini è una cosa, ma farli rispettare - quello è un altro paio di maniche. Va bene pensare, per esempio, che non risponderai più alle e-mail di lavoro la domenica pomeriggio, ma cosa farai quando un gruppo di persone si batte per avere la tua attenzione? Stendi un elenco delle sfide che potresti incontrare in ogni area, sia al lavoro sia a casa. Magari, con gli amici, potrebbe venire la tentazione di rispondere a messaggi fuori orario. Tienile a mente e affrontiamole, un passo alla volta.

Ecco quindi che emergono situazioni conflittuali. Non c'è bisogno di arrendersi subito - possiamo armarti di un po' di astuzia.

Ora sviluppa **strategie** per affrontare ogni sfida e rafforzare i confini. Hai la lista delle sfide, perfetto. Adesso, trova modi concreti per superarle. Potresti preparare risposte preimpostate per le situazioni più comuni: "Grazie, ma fuori dall'orario di lavoro non gestisco e-mail. Ci risentiamo domani." Tolto il pensiero, no? Poi, per la famiglia, potresti stabilire la regola di alcuni momenti del giorno completamente dedicati a te stesso. Certo, i confini non sempre saranno rigidi, ma avere delle regole chiare farà sì che si smusserà la confusione. Ultimo spunto, per gli amici: ritagliati spazi precisi tra i frequentatori e fai sapere loro quando sei o non sei disponibile. Ci riuscirai, basta essere consapevole delle tue potenzialità e limiti.

Hai visto quanto può essere rilassante anche solo scrivere queste strategie? Andiamo avanti.

Crea un programma per **controlli** regolari dei confini e aggiustamenti. Non ti preoccupare, queste verifiche suonano più pesanti di quanto siano davvero. Prenditi un momento ogni settimana o mese - dipende da quanto ti senti a tuo agio - per rivolgere uno sguardo attento ai tuoi confini. Chiediti: "Questi limiti stanno funzionando? Qualcosa deve essere cambiato?". Se sì, è il momento di fare piccoli aggiustamenti. Come quando cuciamo un abito vecchio: un taglio qua, una cucitura là. Questo contribuirà a migliorare la tua esperienza di tutte le relazioni interpersonali.

Prendi quest'appuntamento con te stesso quasi come se fosse una sorta di meditazione. Ora fatti una piccola risata e procedi con l'ultimo passo.

Infine, progetta un sistema di **ricompense** personali per onorare i tuoi impegni sui confini. Dicono che niente sia più dolce di una ricompensa guadagnata. Allora, perché non fare lo stesso per i tuoi confini? Puoi auto-premiarti ogni volta che riesci a mantenere saldi i tuoi obiettivi. Semplice come regalarti una piccola pausa o una dolcezza ogni tanto, anche solo prendere un caffè in perfetta solitudine... Soddisfare queste piccole conquiste va riconosciuto. Puoi anche darti una ricompensa più grande dopo un mese in cui hai rispettato i tuoi limiti senza sbavature. Questo intero processo dovrebbe essere **rilassante** piuttosto che stressante.

Tracciare confini non significa erigere muri altissimi. È amarsi e prendersi cura di sé. Puoi alzarti e iniziare a metterlo in pratica?

In Conclusione

In questo capitolo hai imparato che **mantenere** e adattare i **confini** è essenziale per vivere in **equilibrio** e rispetto reciproco, sia con te stesso che con gli altri. Rivedere spesso i tuoi limiti, fare aggiustamenti dove necessario e riconoscere quando sono stati violati, sono azioni che rafforzano le tue **relazioni** e il tuo **benessere**. Adesso sei ben equipaggiato per gestire i tuoi confini con maturità e responsabilità.

In questo capitolo hai visto l'importanza di fare regolari controlli ai tuoi confini, come adattarli in base ai cambiamenti di vita, il processo di **ricostruzione** dopo una violazione, il valore di celebrare i successi nel mantenerli e un esercizio pratico per creare un piano di **manutenzione** dei confini.

Non dimenticare che i confini, come le piante nel giardino, richiedono cura costante per crescere forti e sani. Continua a lavorare sulla tua capacità di impostare e mantenere confini **efficaci**, così potrai vivere armoniosamente e costruire relazioni solide basate sul rispetto e la **fiducia**.

Per Concludere

Il punto centrale di questo libro è darti gli **strumenti** necessari per prendere il **controllo** della tua vita attraverso la definizione di limiti chiari e sani. Si tratta di riconoscere il tuo valore, proteggere il tuo spazio personale e costruire **relazioni** basate sul rispetto reciproco, il tutto senza sensi di colpa.

Un piccolo riepilogo

Hai scoperto cosa sono i **confini** e perché sono vitali per il tuo benessere personale. Abbiamo parlato di come identificare il tuo stato attuale dei confini e affrontato alcune delle idee sbagliate più comuni.

Ti sei immerso nell'importanza della **consapevolezza** di te stesso e dei tuoi valori, così come la rilevanza dell'autostima nel processo di impostare dei limiti. Anche la conoscenza dei tuoi bisogni e limiti ha svolto un ruolo cruciale.

Hai esaminato il ruolo che i confini giocano nelle tue relazioni, influenzati dalle esperienze dell'infanzia. Superare le barriere psicologiche è stato uno dei punti centrali.

Abbiamo poi discusso i vari tipi di confini: fisici, emozionali, mentali, temporali e di energia, fornendoti un esercizio pratico per identificarli nella tua vita.

Hai appreso le leggi fondamentali dei confini, come il principio di semina e raccolta e la legge del rispetto, esortandoti a riconfortare maggior responsabilità nelle tue scelte.

Hai incontrato il potere del "No", scoprendo come affrontare il senso di colpa e dire "No" in modo assertivo e senza malintesi.

Ti sono stati forniti strumenti per definire e comunicare le tue limitazioni personali, e come affrontare coloro che sfidano continuamente i tuoi confini.

Hai esplorato il legame tra confini e **rispetto** e la sua applicazione nelle relazioni quotidiane. Poi, hai trattato i confini in specifici ambienti come famiglia, relazioni romantiche, lavoro e amicizie, fino alla manutenzione continua delle tue frontiere personali.

E adesso?

Dopo aver assimilato queste idee, immagina una vita in cui i tuoi confini non sono solo chiari, ma anche efficacemente rispettati da te e dagli altri. Non solo avrai relazioni più salutari, ma anche un forte senso di **equilibrio** personale. Ogni "No" detto con fiducia sarà un passo in più per una vita libera emotivamente e mentalmente. Lo **stress** di compiacere gli altri sarà un ricordo lontano, e al suo posto fiorirà una vita piena di autentico controllo personale e mutuo rispetto.

Hai compiuto un grande lavoro nel leggere e riflettere su queste pagine, ma adesso è tempo di mettere in pratica ciò che hai appreso.

Per saperne di più, visita questo link:

https://pxl.to/LoganMind

Unisciti al mio Team di Recensori!

Grazie per aver scelto di leggere il mio libro! Se **ami** leggere e vuoi partecipare attivamente nell'aiutarmi a migliorare i miei **racconti** futuri, ti invito a unirti al mio team di recensori. Come parte del team, riceverai una **copia** gratuita del mio nuovo libro in cambio di un **feedback** sincero che sarà prezioso per me.

Come unirsi al Team di Recensori:

• Clicca sul **link** qui sotto.

• Iscriviti per ricevere le **notifiche** quando pubblico nuovi libri.

• Aspetta la tua copia gratuita e prepara il tuo feedback!

Semplice, vero?

Dai un'occhiata al team a questo link:

https://pxl.to/loganmindteam

Aiutami!

Quando hai finito di leggere, **la tua opinione conta** più di quanto tu possa immaginare. Quando lasci una recensione, che sia solo una manciata di parole, **supporti** un autore indipendente e contribuisci alla realizzazione di un **sogno**.

Se sei rimasto soddisfatto di questo libro, ti invito a lasciare un **feedback** onesto visitando il link sottostante. Se invece hai suggerimenti per miglioramenti, non esitare a scrivermi un'email; troverai i contatti presso il link fornito.

Puoi anche **scansionare** il QR code per accedere direttamente al link dopo aver selezionato il tuo **libro**.

Sono solo pochi secondi del tuo tempo, ma la tua **voce** può davvero fare la differenza. **Grazie** per il tuo supporto!

Visita questo link per lasciare un feedback:

https://pxl.to/11-tpob-lm-review

www.ingramcontent.com/pod-product-compliance
Lightning Source LLC
Chambersburg PA
CBHW050246120526
44590CB00016B/2237